Wandern auf Gran Canaria

Dieter Schulze

Inhalt

Wandern auf Gran Canaria	6
Naturparks auf Gran Canaria	8
Königliche Wege	10
Urlaub auf dem Land	12
Käse, Brot und Wein	14

Tour 1 — Ein Königsweg par excellence – Von Ayacata nach Cruz Grande (4 Std.; mittelschwer) — **16**

Tour 2 — Rund um den ›Wolkenfels‹ – Von La Goleta zum Roque Nublo (2 Std.; einfach) — **19**

Tour 3 — Im Herzen der Cumbre – Aussichtsreiche Rundwanderung ab Las Mesas (4.15 Std.; mittelschwer) — **22**

Tour 4 — Tal des fließenden Wassers – Von Cruz de Tejeda in den Barranco de la Mina (3.15 Std.; mittelschwer) — **26**

Tour 5 — Wo die Mandelhaine blühen – Rundtour ab Tejeda auf Königspfaden (3.15 Std.; einfach) — **29**

Tour 6 — Zu abgeschiedenen Weilern – Große Runde über El Carrizal und El Toscón (6.45 Std.; mittelschwer) — **32**

Tour 7 — Aussteigerträume – Zu den Seen von Soria und Chira (9.15 Std.; mittelschwer) — **36**

Tour 8	Naturpark Pilancones – Von Cruz Grande zur ›Paßhöhe des Farns‹ (6.45 Std.; einfach)	**41**
Tour 9	Panoramatour San Bartolomé – Rundwanderung über den ›Kamillenpaß‹ (4.30 Std.; einfach)	**44**
Tour 10	Caldera de Ayagaures – An der ›Riesenkiefer‹ vorbei zum ›Ruheplatz der Toten‹ (6 Std.; mittelschwer)	**47**
Tour 11	Canyons und sengende Sonne – Vom Palmitos-Park zur Nekropolis von Arteara (5 Std.; einfach)	**50**
Tour 12	Palmen und Olivenhaine - Von Santa Lucía zum ›Jahrhundertkreuz‹ (2 Std.; einfach)	**54**
Tour 13	Der ›Paß des Giganten‹ – Von Arteara nach San Bartolomé (5 Std.; anspruchsvoll)	**57**
Tour 14	Zum ›Schneegipfel‹ – Von Cruz Grande über den Pico de las Nieves nach Santa Lucía (6 Std.; anspruchsvoll)	**60**
Tour 15	Aufstieg zum Vulkankrater – Durch den Barranco de Guayadeque zur Caldera de Los Marteles (5.15 Std.; mittelschwer)	**64**
Tour 16	Unter uns der Abgrund – Von Cuevas Bermejas hinauf zum Guayadeque-Kamm (4.30 Std.; anspruchsvoll)	**68**
Tour 17	Ins wilde Bergland – Rundtour ab Los Palmitos (3.30 Std.; mittelschwer)	**72**
Tour 18	Die Schlucht von Arguineguín – Von Cercado Espino nach Soria (6.45 Std.; mittelschwer)	**74**
Tour 19	Zu den ›Ebenen des Geiers‹ – Aufstieg von Puerto de Mogán (6 Std.; anspruchsvoll)	**77**
Tour 20	Mirador des Südens – Von der Höhenstraße auf den Tauro (2.15 Std.; einfach)	**80**

Tour 21	Endstation Sehnsucht – Zur Playa de Güigüí (5.15 Std.; mittelschwer)	82
Tour 22	Zu Eidechse und Rebhuhn – Von der Paßhöhe La Aldea um den Inagua (5 Std.; mittelschwer)	85
Tour 23	Himmlische Stille im Pinar – Von El Juncal durch den Kiefernwald von Pajonales (3.30 Std.; einfach)	88
Tour 24	Zum Höhlendorf Artenara – Panoramaweg von Cruz de Tejeda über den Moriscos (6 Std.; einfach)	91
Tour 25	Altkanarische Trutzburg – Rund um den Tafelberg Acusa (5.30 Std.; mittelschwer)	95
Tour 26	Auf den Altavista – Von der Finca Tirma zum imposanten Aussichtsberg (3.30 Std.; einfach)	98
Tour 27	Terrassenfelder und Kiefernwald – Rundwanderung ab Artenara (6.15 Std.; mittelschwer)	100
Tour 28	Vom Agaete-Tal zum Tamadaba – Große Runde ab Los Berrazales (7 Std.; mittelschwer)	104
Tour 29	Auf der ›Milchstraße‹ zur Küste – Von Artenara nach Guía (7.30 Std.; mittelschwer)	109
Tour 30	Zum Krater Pinos de Gáldar – Rundtour ab Fontanales (3.15 Std.; einfach)	113
Tour 31	Ins Tal der Jungfrau – Von Fontanales durch den Barranco de la Virgen (4 Std.; mittelschwer)	116
Tour 32	Durch die ›Elysischen Gefilde‹ – Grüne Runde ab Firgas (4.45 Std.; mittelschwer)	119
Tour 33	Pilgerweg nach Teror – Abstieg von Cruz de Tejeda über Vallesco (4 Std.; einfach)	122

Tour 34	Almen und Felsmonolithen – Rundwanderung durch das Tal von San Mateo (6 Std.; mittelschwer)	**125**
Tour 35	Blühender Steingarten – Umrundung der Caldera de Tenteniguada (4.15 Std.; mittelschwer)	**129**

Kleiner Sprachführer	**132**
Buslinien	**133**
Unterkünfte	**136**
Register	**138**

Bitte schreiben Sie uns, wenn sich etwas geändert hat!
Alle in diesem Buch enthaltenen Angaben wurden vom Autor nach bestem Wissen erstellt und von ihm und dem Verlag mit größtmöglicher Sorgfalt überprüft. Gleichwohl sind – wie wir im Sinne des Produkthaftungsrechts betonen müssen – inhaltliche Fehler nicht vollständig auszuschließen. Daher erfolgen die Angaben ohne jegliche Verpflichtung oder Garantie des Verlages oder des Autors. Beide übernehmen keinerlei Verantwortung und Haftung für etwaige inhaltliche Unstimmigkeiten. Wir bitten dafür um Verständnis und werden Korrekturhinweise gerne aufgreifen:
DuMont Reiseverlag, Postfach 10 10 45, 50450 Köln
E-Mail: info@dumontreise.de

Wandern auf Gran Canaria

Wandersaison

Auf Gran Canaria kann das ganze Jahr über gewandert werden – die Winter sind angenehm mild, die Sommer dank der Passatwinde weniger heiß als etwa am Mittelmeer. Im Küstenbereich liegen die Tagestemperaturen bei 19 bis 24°C von Dezember bis April und 21 bis 30°C von Mai bis November, nachts fallen die Temperaturen auf 13 bis 19°C. Im Bergland kann es im Winter kalt werden, die Temperaturen liegen in 1000 m Höhe 6 bis 10°C unter denen an der Küste. Frost allerdings ist auf Gran Canaria selten, nur ein- oder zweimal pro Jahr eilen Canarios aus allen Ecken der Insel in die über 1500 m hohe Gipfelregion, um sich am Anblick von Schneeflocken zu begeistern.

Die Sonne scheint jedes Jahr um die 2900 Stunden im Süden und 2100 im Norden, das entspricht 8 bzw. knapp 6 Stunden pro Tag. Mit Regen muß vor allem im Bergland des Nordens gerechnet werden – meist beschränkt auf die Monate Dezember bis März.

Anspruch

In der Rubrik ›Die Wanderung in Kürze‹ wird jeweils darauf hingewiesen, ob es sich bei der Wanderung um eine einfache (+), eine mittelschwere (++) oder eine anspruchsvolle (+++) Tour handelt.

Gehzeiten

Alle in diesem Wanderführer genannten Zeiten verstehen sich als reine Gehzeiten. Rechnen Sie bei der Planung einer Tour sicherheitshalber

Wandern auf Gran Canaria

noch etwa ein Viertel der Zeit hinzu, um Foto- und Picknickpausen zu berücksichtigen. Auch schweres Gepäck oder ein Wetterumschwung können die Wanderzeit erheblich verlängern. Starten Sie deshalb stets früh am Morgen – Sie ersparen sich Hektik bei der Rückkehr zu Auto und Bus!

Ausrüstung

Empfehlenswert ist festes Schuhwerk, vorzugsweise gut eingelaufene Wanderschuhe. Die als ›leicht‹ eingestuften Wanderungen können bei gutem Wetter auch mit gewöhnlichen Schuhen begangen werden. Das ganze Jahr über sollte man ein Sonnenschutzmittel, im Winter zusätzlich einen warmen Pullover und Regenschutz mit sich führen.

Wanderkarten

Gute Wanderkarten sind rar. Beste deutsche Karte ist trotz zahlreicher Fehler die vom Verlag freytag & berndt. In Spanien veröffentlicht das Nationale Geographische Institut Militärkarten mit präzisen Höhenlinien im Maßstab 1:25 000. Zu Gran Canaria gibt es 20 Ausschnittskarten, man bekommt sie in Las Palmas in der *Casa del Mapa,* dem Kartenhaus am Parque Santa Catalina (neben der Touristeninformation) und in der Bücherei des Cabildo (Calle Cano 24, Triana). Die einzige empfehlenswerte Straßenkarte erschien im Reise Know-How Verlag (1. Auflage 2001)

Mit Bus und Auto

Mit dem Zusammenschluss der Busbetriebe Utinsa und Salcai zum Unternehmen Global sind für die kommenden Jahre Verbesserungen im Busnetz zu erwarten. Wo Wanderungen schon jetzt ans Liniensystem angeschlossen sind, wird dies bei den Wegbeschreibungen vermerkt.

Den aktuellen Fahrplan erhält man online unter www.globalsu.net sowie an den beiden Busbahnhöfen von Las Palmas und im C.C. Yumbo (Local 342) in Playa del Inglés. Dort kann man auch *Bonos* (Magnetkarten) kaufen, durch die das Reisen mit dem Bus noch billiger wird.

Mietautos sind auf Gran Canaria erstaunlich preiswert, auch der Treibstoff ist dort günstiger als in Mitteleuropa. Sehr guten Service bietet z.B. CICAR (Reservierung ☏ 928 80 27 90, Fax 928 80 01 89) mit Filialen in der Hauptstadt, am Flughafen und an der Südküste.

SYMBOLE IN DEN KARTEN

- ⌂ Einkehr, Unterkunft
- ⚭ Kirche
- ⚬ Kapelle
- ∴ Archäologische Stätte
- ✿ Wassermühle
- † Wegkreuz
- ⌠ Rastplatz
- ⌢ Höhle
- ⌇ Wasserfall
- ○ Quelle
- ♣ Hervorragender Nadelbaum
- ♀ Hervorragender Laubbaum

Naturparks auf Gran Canaria

»Trotz zubetonierter Küsten ist Gran Canaria die landschaftlich aufregendste und vielfältigste der Kanaren« (bike 12/98). Die Radler haben den Reiz der Insel schon erkannt – nun liegt es an den Wanderern, das ›andere‹ Gran Canaria zu entdecken. Und wer den Versuch startet, wird auch belohnt: nur wenige Kilometer landeinwärts, schon ist die Welt des kommerziellen Vergnügens vergessen!

Die Insel ist 1532 km² groß und hat eine fast kreisrunde Form. Sie ist bei Vulkanausbrüchen vor Millionen von Jahren entstanden, Feuer, Wasser und Wind haben ihr dramatisches Antlitz geprägt. Vom zentralen Gebirgsmassiv, das sich am Pico de las Nieves (›Schneegipfel‹) zu einer Höhe von 1949 m aufschwingt, senken sich strahlenförmig über 50 Barrancos, bizarr zerrissene Täler und Schluchten, zum Meer hinab. Dabei hat jede Küstenregion ihren eigenen Charakter: Steile Klippen gibt es vor allem im Westen, der Norden ist weniger schroff; im Osten klingen die Barrancos in einer versteppten Ebene, im Süden in einer Dünenlandschaft aus.

Auf keiner Kanareninsel stehen heute so weite Gebiete unter Naturschutz wie auf Gran Canaria, und auf keiner kann man binnen wenger Stunden so viele unterschiedliche Eindrücke sammeln. Alle in diesem Buch vorgestellten Wanderungen führen durch ausgewiesene Natur- und Landschaftsparks. Man geht an Abbruchkanten entlang und erfrischt sich am Stausee, läuft über schwarze Lava und saftiggrüne Almen. Dann wieder weht der Duft von Eukalyptus und Thymian heran, man kommt durch lichtdurchfluteten Kiefernwald und wandert über zerklüftete, sonnenausgeglühte Hänge ins Tal.

Kanaren-Hauswurz (Aeonium decorum)

Zu den wichtigsten Naturparks zählen Doramas im Norden, Tamadaba und Inagua im Westen, Tauro und Pilancones im Süden sowie Guayadeque und Los Marteles im Osten. Das größte Naturschutzgebiet des gesamten kanarischen Archipels ist der 26 000 ha umfassende Parque Rural El Nublo. Er verdankt seinen Namen dem ›Wolkenfels‹, einem von zahlreichen Felsmonolithen in der Caldera de Tejeda, diesem gigantischen Einsturzkessel im Zentrum der Insel. Der Schriftsteller Miguel de Unamuno war von der Landschaft so begeistert, daß er für sie den Ausdruck *Tormenta petrificada* (›versteinertes Gewitter‹) schuf. Gezackte Gebirgsstaffeln reihen sich aneinander, abweisend-herb und zugleich majestätisch. Wer vor dem Roque Nublo steht, begreift, warum sich so viele Mythen gerade um diesen Berg ranken. Hier, an dem gespenstischen Ort zwischen Himmel und Erde, waren die Altkanarier ihrem Gott Alcorán am nächsten, brachten ihm Opfergaben dar und baten um Regen und Schutz.

Drachenbaum

Königliche Wege

Europa macht's möglich: Mit großzügiger finanzieller Unterstützung wurde das alte Wegenetz der Insel in Ordnung gebracht. Es stammt noch weitgehend aus prähispanischer Zeit. Die von den Altkanariern angelegten Pfade führten von der Gipfelregion zur Küste, überwanden schwierige Pässe und Schluchten und waren dem Gelände optimal angepaßt.

Nach der Conquista wurden die Pfade befestigt, und weil es die Krone war, die das Baumaterial finanzierte, sprach man von *Caminos Reales,* den ›königlichen Wegen‹. Unbehauene Steine wurden zu einem fugendichten Bodenmosaik zusammengefügt, Seitenmauern schützten davor, daß der Weg nach Unwettern abrutschte. Dazu wurden quer zum Pflaster Rinnen angelegt, die das hinabfließende Wasser kanalisierten. So breit waren die Wege angelegt, daß die Bauern ihre Erträge sicher zum nächsten Dorfmarkt bringen konnten.

Doch als in den 60er Jahren der Tourismus zu boomen begann und die Eselskarren von Autos ver-

Königliche Wege

drängt wurden, erlosch das Interesse an den alten Wegen. Bald waren sie von Pflanzen überwuchert, Steinschlag machte sie unpassierbar. Die Jugendlichen zogen in die Städte, um sich als Bauarbeiter und Kellner zu verdingen, nur die Alten blieben auf dem Lande zurück. Um alte Traditionen wiederzubeleben und Jugendlichen einen Anreiz zu geben, in ihre Dörfer zurückzukehren, wurde von der EU ein Programm zur Förderung von Kunsthandwerk und *Turismo Rural* (›ländlichem Tourismus‹) aufgelegt.

Dank der damit einhergehenden Restaurierung der alten Caminos Reales können Wanderer die Insel heute auf über 300 Kilometern durchlaufen, kommen durch Höhlendörfer und einsame Weiler, vorbei an Aussichtspunkten, altkanarischen Kultstätten, Museen der Archäologie und Ethnologie. Allerdings sind die Wege auf Gran Canaria nur selten markiert, weil man an interessierter Stelle den Wunsch hat, daß sich die Fremden verlaufen. Denn daran hängen Arbeitsplätze: Einheimische Jugendliche werden in Las Palmas zu Wanderführern ausgebildet, sollen dann in die Touristenzentren des Südens geschickt werden, um mit 50 Leuten im Gepäck über die Insel zu marschieren. Für alle, die lieber allein oder in kleinen Gruppen wandern, ist dieses Buch geschrieben. Darin werden – vorwiegend in Form von Rundwanderungen – die interessantesten und aussichtsreichsten Wege der Insel vorgestellt, ergänzt durch einsame Forstpisten und schmale Trampelpfade für Abenteuerlustige.

Ein Muß für alle Gran-Canaria-Urlauber ist der geruhsame Aufstieg auf den Roque Nublo (Tour 2), weitere Klassiker sind die Wanderungen nach Cruz Grande (Tour 1 und 7) sowie rund um San Bartolomé (Tour 9). Doch der absolute Höhepunkt eines Inselurlaubs ist die Wanderung durchs Obertal von Agaete: Sie führt hinauf zum Kiefernwald des Tamadaba und als Pilgerweg nach San Pedro hinab (Tour 28).

Neugieriger Begleiter

Urlaub auf dem Land

Aufwachen mit Vogelgezwitscher, Frühstück unterm Avocadobaum und Siesta in der Hängematte: Wer wünschte sich nicht ein Häuschen im Grünen, aus Naturstein erbaut und mit Komfort? Die Plaza, auf der sich Jung und Alt treffen, nur ein paar Schritte entfernt, und die Dorfbar, an der man abends Kontakte knüpft, gleich um die Ecke …

Doch wo sollte man die geeignete Unterkunft finden? Da traf es sich gut, daß die EU ein Programm namens *Leader* auflegte, um den *Turismo Rural* (›Urlaub auf dem Land‹) zu fördern. Der Entwurf klang gut: Bauern sollten ihre verfallenen Häuser restaurieren und an Wanderer vermieten, um die Einnahmen aus der rückläufigen Landwirtschaft aufzubessern. So, glaubte man, würde traditionelle Bausubstanz gerettet und zugleich die dramatische Landflucht gestoppt. Den Söhnen und Töchtern böte sich eine neue Lebensperspektive – und

Urlaub auf dem Land

dies an ihrem angestammten Ort und nicht in den Touristenstädten der Südküste. Die EU verpflichtete sich, die Hälfte der veranschlagten Baukosten zu übernehmen – nicht in Form eines zinsgünstigen Kredits, sondern als reine Schenkung!

Viele Bauern bewarben sich sogleich bei der regionalen, für die Verteilung des Geldes zuständigen Behörde. Da sie es gewohnt waren zu warten, begehrten sie nicht auf, als zunächst andere *Campesinos* bedient wurden: Da gab es reiche Städter und Abkömmlinge von Großgrundbesitzern, die sich guter Verbindungen zur Inselregierung rühmten und nun mit Hilfe der EU ihren Zweitwohnsitz auf dem Land aufpolierten. »Sind die großen Fische satt, kommen die kleinen aus dem Versteck«, heißt ein kanarisches Sprichwort. Korruption ist so normal, daß sie kaum noch Empörung auslöst.

Heute stehen für den Urlauber, der abseits der Küste wohnen möchte, zahlreiche hübsch restaurierte Unterkünfte bereit: Es sind alte Fincas mit Küche und Bad, traditionelle Herrensitze und Landhotels, einige sogar mit Pool und Kamin. Wer darin wohnen möchte, sollte freilich darauf achten, daß es in den Wintermonaten im ›Wolkengürtel‹ (Fontanales–Teror–San Mateo–Cruz de Tejeda) unangenehm feucht und kühl werden kann. Außerdem sind die Häuser nicht gerade billig und liegen oft so weit vom nächsten Dorf entfernt, daß es sich empfiehlt, einen Wagen zu mieten – am besten gleich am Flughafen.

Kanarische Agenturen, über die Fincas (außer über Reiseveranstalter) angemietet werden können, sind auf den Seiten 136 und 137 verzeichnet. Dort finden sich auch viele weitere, für Wanderer wichtige Unterkünfte: Hotels, Pensionen und Appartements fernab vom Massentourismus, dazu Privatzimmer, Herbergen und Campingplätze!

Bauern im Sonntagsstaat

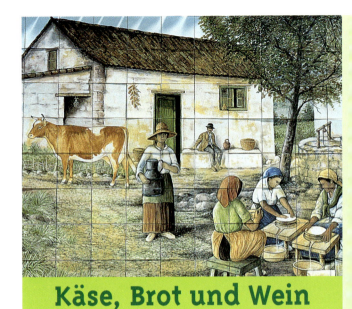

Käse, Brot und Wein

Im Küstendorf El Risco, sozusagen am Ende der Inselwelt, hat sich ein Bauernpaar einem ehrgeizigen Projekt verschrieben: Als erste Kanarier wollten sie aus Ziegenmilch einen Joghurt kreieren, der die bekannten Kuhmilchsorten in den Schatten stellt. »Unsere Ziegen ernähren sich nur vom Feinsten«, erzählt die junge Frau, »von frischen Kräutern und jungen Blättern der Tabaiba und Tajinaste«. Mit prallem Euter kehren die Tiere in den Stall zurück, ihre noch warme Milch wird in der kleinen, mit EU-Geldern unterstützten Molkerei zum köstlichen *Arterra* verarbeitet. Man erhält ihn in den Läden von Agaete und Gáldar, aber auch in der Delikatessenabteilung der Kaufhäuser von Las Palmas. In Guía lernen wir jemanden kennen, dem die begehrten Subventionen nicht vergönnt waren. Sein Name ist Santiago de Gil Romero, seit 1945 – damals zählte er gerade fünf Jahre –

spielt sich sein Leben in der Quesería de Flor (Marqués de Muni 34) ab. Sie gehört zu jener aussterbenden Spezies von Läden, in der sich die Holzregale vor aufgetürmten Käselaibern biegen, Räucherwürste von der Decke baumeln und der Wein noch aus dem Faß gezapft wird. Santiago ist überzeugt, daß der *Queso de Flor,* der ›Blütenkäse‹ aus Guía, der beste des Archipels sei. Anders als bei allen übrigen, wo das Lab von Zicklein stammt, ist er in Guía rein pflanzlich. Der Saft der einheimischen Artischocke *Cynara scolimus* ist der Zauberstoff, der der Schafs- und Kuhmilch ihren eigentümlich herben Geschmack verleiht. Einmal geronnen, wird sie von Hand zu einem kreisrunden Laib geformt, der in Holzmulden gespannt und gesalzen wird. Nach 30tägiger Lagerzeit in einer trockenen Höhle ist der Käse reif für den Verzehr: außen fest, innen zart und butterweich.

Am ersten Wochenende im Mai, wenn die *Fiesta del Queso* gefeiert wird, kommen die Bauern der ganzen Insel nach Guía und bieten ihre Ware zum Kosten an. Dann lernt man auch den Käse aus allen übrigen Orten kennen: aus Valsequillo und Agaete, San Mateo und La Aldea, Artenara und der Gipfelregion.

Es ist schon erstaunlich, daß sich eine vergleichsweise kleine Insel wie Gran Canaria einer solchen Vielfalt von Molkereiprodukten rühmen kann. Zumal es da noch die vielen namenlosen Familienbetriebe gibt, in denen ausschließlich für den Dorfmarkt produziert wird. Fragt man in Läden nach *Queso del País,* stehen gleich mehrere Sorten zur Wahl: *Tierno* (›Frischkäse‹), *Semicurado* (›Halbgereifter‹), *Curado* (›Würziger Alter‹) oder *Ahumado* (›Geräucherter‹). Dazu mundet das knusprige Brot aus der Dorfbäckerei, wo der Ofen vielleicht noch mit Mandelbaumholz befeuert wird, und natürlich ein Gläschen *Vino del Monte,* herber Rotwein aus der Vulkanerde der Bandama-Region.

Von Ayacata nach Cruz Grande

Ein Königsweg par excellence

Tour 1

Von Ayacata nach Cruz Grande

Ein Klassiker aus der Palette der Südtouren und zugleich ein Kabinettstück der Baukunst. Beim Abstieg krallt sich der Weg an die senkrecht abfallende Steilwand, weit reicht der Blick über Bergkämme, Kiefernwälder und Stauseen.

DIE WANDERUNG IN KÜRZE

Anspruch: ++

Gehzeit: 4 Std.

An-/Abstieg: 550 m

Charakter: Wanderung mit nur mäßigem Höhenunterschied auf Königspfaden und Piste

Einkehrmöglichkeiten: Bar in Ayacata

Anfahrt: Mit **Bus** 18 morgens nach Ayacata und mit dem gleichen Bus abends ab Cruz Grande (GC-815, km 63,5) zurück

Varianten: Ab La Goleta kann man mit Tour 2 den Roque Nublo umrunden, ab Cruz Grande besteht mit Tour 9 Anschluß nach San Bartolomé.
Über einen Abstecher ab Los Hornos erreicht man mit Tour 14 den höchsten Berg der Insel, den Pico de las Nieves.

An der **Dorfkirche in Ayacata** folgen wir der nach Los Pechos (Pico de las Nieves) führenden Straße und biegen nach 20 m links in eine Betonpiste ein, die wenig später in einen Erdweg übergeht. Zwischen Häusern hindurch geleitet uns dieser zur Straße zurück, die wir aber hinter einer Steinmauer sogleich wieder verlassen. Wir gehen rechts an einem verschlossenen Tor vorbei und folgen einem Weg, der parallel zu einer Privatpiste verläuft, sie gleich darauf an einem Gehöft quert und dann weiter aufwärts führt. Dabei umgibt uns eine grandiose Szenerie: Zarte, zwischen abgesprengten Felsblöcken wachsende Mandelbäume kontrastieren mit den im Hintergrund aufragenden Steilwänden, die nach Norden zu einen unerbittlichen Riegel bilden. Nach gut 20 Min. mündet der Weg an einer Häusergruppe in die zum Pico de las Nieves führende Straße. Wir folgen ihr 100 m nach links und steigen hinter Haus

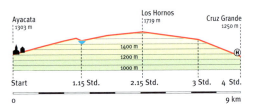

Von Ayacata nach Cruz Grande

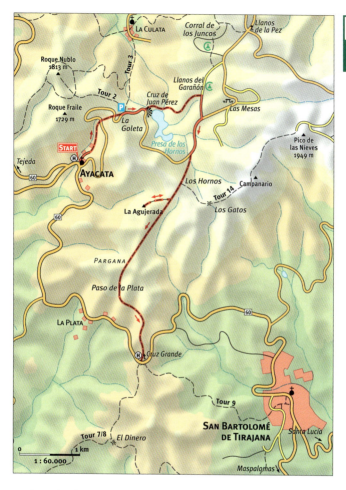

49 über schmale Stufen aufwärts. An Gärten und Kiefernbäumen vorbei erreichen wir nach 400 m erneut die Straße und folgen ihr in aufwärtiger Richtung. 200 m weiter biegen wir abermals links ein, auf einem steingepflasterten, von Seitenmäuerchen gesäumten Weg erreichen wir wenig später das Parkplateau **La Goleta** (1 Std.).

Wir folgen der Straße in östlicher Richtung und erreichen nach 400 m die kleine Aussichtsplattform **Cruz de Juan Pérez** zur Linken. Auf steingepflastertem Camino Real geht es hinab zum Stausee **Presa de los Hornos,** den wir auf einer Mauer überqueren (1.15 Std.). Nach weiteren 15 Min. erreichen wir eine Hochebene, an der wir rechts in eine Erdpiste einbiegen. Wir lassen das Freizeitcamp **Llanos del Garañón** links liegen (1.40 Std.) und gehen geradeaus weiter. Die Piste schwenkt rechts ein, passiert ein kleines Freilichtmuseum (Oficios Forestales Tradicionales) und erreicht wenige Minuten später die Straße Ayacata–Pico de las Nieves. Auch dort halten wir uns rechts, wechseln die Straßenseite und achten nach 650 m auf einen Weg, der anfangs nur schwer auszumachen ist, weil er nicht unmittelbar an der Straße, sondern 10 m versetzt im Kiefernwald startet. Er ist anfangs treppenartig angelegt, führt dann über felsiges Terrain hinauf, dabei stets Südkurs haltend. Nach 15minütigem Aufstieg erreichen wir die Einsattelung **Los Hornos**, erkennbar an einem von der Inselregierung aufgestellten Naturparkschild (2.15 Std.).

Wer an dieser Stelle nicht mit Tour 14 links hinauf zum Pico de las Nieves wandern möchte, bleibt auf dem breiten, gut ausgebauten Camino Real, der uns weiter durch lichten Kiefernwald führt und nun langsam abfällt. Nach 10 Min. lohnt ein kurzer Abstecher rechts hinüber zum Fels La Agujerada (›Durchlöcherter Berg‹), wo die Erosion ganze Arbeit geleistet hat: Durch ein Klippenfenster hat man einen spektakulären Blick auf das Ayacata-Tal und die sogenannte ›Felsbücherei‹ (Riscos de la Librería). Wir kehren zum Hauptweg zurück, der sich in Südwestrichtung fortsetzt. An der Ebene **Pargana** (3 Std.) treten wir aus dem Kiefernwald heraus, queren ein felsiges Gelände und bleiben dabei auf der linken Seite des Talbetts. Wir stoßen auf einen steingepflasterten Weg und es beginnt der spektakulärste Teil der Wanderung, der Paso de la Plata. Er führt vorbei an zwei dunklen, in den Fels geschlagenen Staubecken (Charco Hondo und Cho Flores) und bietet herrliche Ausblicke. In unzähligen engen Kehren schraubt sich der steingepflasterte, von Mauern flankierte Weg in den Abgrund und krallt sich in die Steilstufe, die bis ins 19. Jh. als unüberwindlich galt. An einer Stelle flacht der Weg kurzzeitig ab und führt am Fuß der gewaltigen Steilwand entlang, bevor er abermals in zahlreichen Serpentinen abwärtsgleitet und den Blick auf das Tirajana-Tal freigibt: einen riesigen, von Wolken umspülten Kessel und im Hintergrund das blaßblau aufscheinende Meer.

Endpunkt der Tour ist ein einzelnstehendes Gehöft, daran angrenzend ein mit drei Holzkreuzen geschmücktes Sitzplateau. Früher legten hier die Pilger, die aus allen Bergdörfern nach San Bartolomé zogen, eine Rast ein, im Gehöft gab es einen Laden mit Bar. Wir gehen über eine mit Geländer befestigte Piste nach **Cruz Grande** hinab, einem Felsdurchbruch an der Straße San Bartolomé–Ayacata (4 Std.). Vor und hinter ihm kreuzt sich die Straße mit Wanderwegen. Wenige Meter vor dem Durchbruch geht es links mit Piste und Camino Real nach San Bartolomé (s. Tour 9), wenige Meter dahinter, gleichfalls links, in den Naturpark Pilancones und zum Stausee Chira (s. Tour 8).

Rund um den ›Wolkenfels‹

Von La Goleta zum Roque Nublo

Der ehemalige Kultplatz der Altkanarier, an dem sie ihrem Sonnengott Opfer darbrachten, ist das Wahrzeichen Gran Canarias. Noch heute wird auf jedem Fest das Lied vom *Sombra del Nublo* (›Schatten des Wolkenfelsens‹) angestimmt.

DIE WANDERUNG IN KÜRZE

+ Anspruch
Charakter: Einfache Wanderung auf ausgebauten Wegen; nur geringe Höhenunterschiede

2 Std. Gehzeit
Einkehrmöglichkeiten: Nächste Bar in Ayacata bzw. Las Mesas

5 km Länge
Anfahrt: Der Startpunkt der Tour befindet sich 3 km östlich von Ayacata an der Straße zum Pico de las Nieves. **Parkplateau** mit begrenzter Kapazität; hier keine Wertsachen im Auto lassen! Die nächste **Bushaltestelle** befindet sich in Ayacata (Linie 18), Anmarsch möglich mit Tour 1.

La Goleta ist ein Schnittpunkt wichtiger Königswege. Der südwestwärts abzweigende Weg führt nach Ayacata, der nordostwärts weisende nach La Culata. Auf dieser Tour wählen wir den **breiten Weg**, der in nordwestlicher Richtung verläuft. Er zieht sich an der linken Seite des Bergrückens entlang und ist von einer einheimischen Levkojenart gesäumt, die zur Blütezeit im Sommer in intensivem Lila aufleuchtet. Schon zum Auftakt haben wir das Ziel vor Augen: Hinter dem **Roque Fraile** (›Mönchsfelsen‹), der tatsächlich einem in Kutte gehüllten Mönch gleicht, erhebt sich majestätisch der Wolkenfels. Tief unter uns liegen in einem weiten Tal die Häuser von Ayacata, weiß und kubenförmig. Sobald der Weg auf die rechte Kammseite überwechselt, wird der Blick frei auf die Schlucht von La Culata. Nach etwa 20 Min. stoßen wir auf eine Gabelung am Fuß des Roque Fraile: Wir ignorieren die rechte Abzweigung, gehen durch imposante Felslandschaft aufwärts. An der Einsattelung **Las Palomas** (30 Min.) bietet sich ein herrlicher Ausblick über den Südwesten der Insel. Doch der Höhepunkt der Tour steht noch bevor. Wir folgen dem rechts über steiniges Gelände hinaufführenden Pfad und erreichen über Felstreppen den rötlich aufschimmernden Sockel des **Roque Nublo** (40 Min.). Roque Rana, ein Steinblock von der Gestalt eines Frosches, kauert vor dem lotrecht aufragenden Wolkenfels, der mit seinen zerschürften, wettergegerbten Wänden als stolzer Greis daherkommt.

Von La Goleta zum Roque Nublo

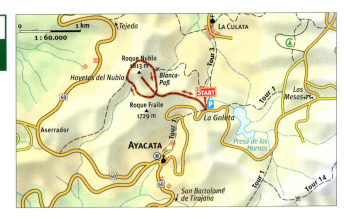

Die Altkanarier erwählten diesen Ort zu ihrem Kultplatz – ein fürwahr magischer Flecken: offen und doch auch geschützt, aus der Erde emporwachsend und dem Himmel zugewandt.

Danach steigen wir wieder zur Einsattelung Las Palomas hinab, halten uns rechts und kommen zu einer von Seitenmauern gesäumten Gabelung oberhalb der **Hoyetas del Nublo,** der ›Grabentäler des Nublo‹ (1 Std.).

Auch hier halten wir uns rechts, der Weg beschreibt einen Halbkreis um den über uns sich verbergenden Wolkenfels. Unser Blick schweift über das Tal von Tejeda, unter uns sehen wir die Straße, die den Ort mit Ayacata verbindet. Wir passieren die Nordwestflanke des Roque Nublo und kommen zum **Blanca-Paß** (1.20 Std.), wo rechts ein Trampelpfad zum Mirador Risco de la Fogalera, einem Aussichtspunkt mit bestem Blick auf Tejeda, hinüberführt. Wer Lust auf den Abstecher hat, sollte zusätzliche 15 Min. für Hin- und Rückweg einplanen. Wir bleiben auf Kurs, setzen unsere Umrundung des Roque Nublo fort und ignorieren nach ein paar Schritten eine weitere, diesmal nach La Culata links hinabführende Abzweigung. In gemächlichem Auf und Ab geleitet uns der Weg durch jungen Kiefernwald, vorbei an abgesprengten, von Flechten bedeckten Felsblöcken. Ab der **Gabelung am Roque Fraile** ist uns der Weg wieder vertraut, gemütlich lassen wir uns nach **La Goleta** (2 Std.) zurücktreiben.

Gipfelstürmer

Wer hat den Gipfel des Roque Nublo als erster bezwungen? Seit es eine Chronik gibt, sind die Namen dreier Männer verbürgt: Ranschert, Langenbacher und Wolffschmitt, drei deutsche Ingenieure, die 1932 den Ausbau des Hafens von Las Palmas überwachten. Dem damaligen Zeitgeist gemäß folgten sie ›dem Ruf der

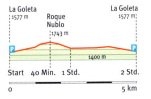

Von La Goleta zum Roque Nublo

Start- und Endpunkt der Tour: La Goleta

Berge‹ und ließen es sich nicht nehmen, auf dem Gipfel am 20. Juni 1932 die deutsche Flagge zu hissen. Seit jenem Tag sind ihnen viele gefolgt – heute sind die 67 m hohen Basaltwände des Roque Nublo das beliebteste Kletterziel auf Gran Canaria.

Aussichtsreiche Rundwanderung ab Las Mesas

Im Herzen der Cumbre

Aussichtsreiche Rundwanderung ab Las Mesas

Am Picknickplatz Las Mesas herrscht am Wochenende Hochbetrieb – Bewohner von Las Palmas üben sich im kollektiven Ausstieg aus dem Großstadtstreß. Werktags ist es bedeutend ruhiger; man sitzt unter schattigen Bäumen und kann am Steinofen grillen.

DIE WANDERUNG IN KÜRZE

Anspruch: ++

Gehzeit: 4.15 Std.

An-/Abstieg: 500 m

Charakter: So klug und kräfteschonend ist der Weg angelegt, daß er trotz des Höhenunterschieds kaum in die Beine geht.

Einkehrmöglichkeiten: Bars am Rastplatz Las Mesas und in La Culata.

Unterkunft: Mit Erlaubnis der Umweltbehörde darf am Rastplatz kostenlos gezeltet werden, ebenso in Corral de los Juncos. Im Freizeitcamp Llanos del Garañón kann man preiswert Holzhütten anmieten.

Anfahrt: Der Rastplatz Las Mesas liegt an der von Ayacata nach Los Pechos/Pico de las Nieves führenden Straße, 6,2 km östlich Ayacata und 1,7 km westlich der Kreuzung Cruce de los Llanos de la Pez. Am Rastplatz kann das **Auto** gut abgestellt werden. Vorerst **kein Busservice**.

Variante: Hält man sich am Paß La Cumbre links, erreicht man nach 300 m das Centro de Visitantes Parque Rural de Nublo und hat Anschluß an Tour 4.

Vom **Rastplatz Las Mesas** folgen wir der Straße nach Ayacata in westlicher Richtung und biegen nach 500 m rechts in einen Weg ein, der zwischen Kiefern entlang einer Mauer gemächlich ansteigt. Wir passieren ein Freilichtmuseum und das Freizeitcamp Llanos del Garañón, ignorieren kurz darauf eine rechts abzweigende Piste (15 Min.). Nach weiteren 2-3 Min. biegen wir links auf einen steingepflasterten Weg ab. E führt in knapp 20 Min. zum See **Presa de los Hornos** hinab, den wir au

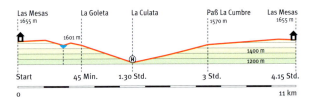

Aussichtsreiche Rundwanderung ab Las Mesas

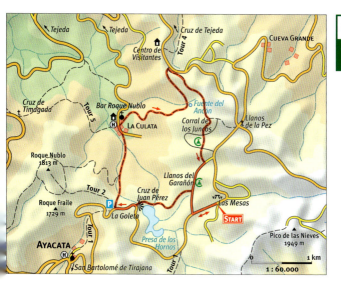

der Staumauer queren (30 Min.). Weiterhin steingepflastert schraubt sich der Weg den Hang empor und endet gut 5 Min. später am **Cruz de Juan Pérez**, einem Aussichtsplateau an der nach Ayacata führenden Straße mit Steinbänken. Nach einer Verschnaufpause folgen wir der Straße nach rechts und erreichen 400 m weiter das Parkplateau **La Goleta** (45 Min.).

Wir meiden den Weg zum Roque Nublo und wählen den steingepflasterten Weg, der rechts davon in Nordostrichtung abwärts führt. Ringsum wachsen Ginster und Salbei, durch lange Kiefernnadeln surrt der Wind. Kurz darauf ignorieren wir einen links abzweigenden Pfad – frei nach dem Motto: »Aunque te sirva de trabajo no dejes el camino por el tajo« (›Auch wenn er Dir Mühe bereitet: Tausche nie den Weg gegen eine Abkürzung!‹). Denn während die Abkürzung schnell und äußerst steil in Richtung Barrancogrund führt, schraubt sich unser Weg in vielen sanften Kehren hinab und läßt so genügend Zeit, sich auf die schöne Landschaft zu konzentrieren. Zur Rechten wird der Hang von einer ockerfarbenen, von Höhlen durchlöcherten Steilwand begrenzt, Kletterer üben sich dort für die Abenteuer an der Ayacata-Wand. In 10 Min. geleitet uns der Weg zu einer Quelle hinab, wo er auf die andere Hangseite überschwenkt. Bald darauf bietet sich die Möglichkeit, auf einer gemauerten Felsbank mit Blick auf den Roque Nublo ein wenig auszuruhen.

In der Folge geht es an bizarr zerklüfteten Felsen vorbei, zur Linken steht die verwitterte Ruine eines Hauses. Wir ignorieren mehrere links abzweigende Wege und erreichen den Weiler **La Hortiguilla**, der bereits zu La Culata gehört (1.15 Std.). In diesem abgeschiedenen Ort scheint die Zeit stehengeblieben: Die Bewohner leben in Häusern aus aufeinandergeschichteten, mit Kalk verputzten Steinen, in die nur wenig

Aussichtsreiche Rundwanderung ab Las Mesas

Licht dringt; im Stall stehen Schafe und Kühe, freilaufende Hühner begrüßen den Wanderer mit überraschtem Gegacker.

Am Wendeplatz einer Asphaltstraße geht es über einen steingepflasterten Weg links hinab, vorbei an Feigen- und Mandelbäumen. Wir queren den Talgrund und steigen über Stufen zur Dorfstraße von **La Culata** hinauf, der wir gut 200 m nach links folgen, um uns in der Bar Roque Nublo nahe der Bushaltestelle zu stärken (1.30 Std.).

Danach gehen wir einige Schritte auf der Hauptstraße zurück und biegen links in einen Treppenweg ein, der steil zwischen den Häusern des Dorfes emporsteigt. Nach wenigen Minuten quert er eine Asphaltpiste und setzt sich am Rand von Terrassenfeldern fort. Wiederum einige Minuten später mündet er in ein Asphaltsträßchen, dem wir gut 200 m nach rechts folgen. Auf einer links abzweigenden, steil aufwärts führenden Betonpiste erreichen wir nach 150 m das höchste Haus des Ortes, die Finca **La Palmita** (1.50 Std.).

Mit dem dort startenden Weg geht es über zahlreiche Serpentinen aufwärts. Im Seitental des Barranco de los Molinillos flacht der Weg ab und geleitet uns an großen Kiefern, Mandelbäumen und Trauerweiden vorbei. Vor uns ragt eine rötliche Steilwand auf, die mit ihren senkrecht herausmodellierten Fugen an ein Gerippe erinnert. Neben der Quelle **Fuente del Ancón** queren wir den Barrancogrund, 2 Min. später ignorieren wir den geradeaus führenden Pfad, halten uns rechts und laufen unter einem Wasserkanal hindurch. Bis zum nächsten Etappenziel, dem ›Gipfel-Paß‹, müssen wir nun noch einmal einen größeren Höhenunterschied bewältigen und viele Serpentinen auslaufen. Wir ignorieren einen links zum Weiler Casas de la Huerta abzweigenden Pfad und erreichen nach knapp 10 Min. die Straße Los Pechos–Cruz de Tejeda am **Paß La Cumbre** (3 Std.).

Oben angekommen, biegen wir – noch vor der Straße – rechts ein in einen steingepflasterten Weg, der uns am Westhang des Andén del Toro (1733 m) steil emporführt. Nach gut 10 Min. flacht er ab, so daß wir uns wieder ganz auf den großartigen Ausblick auf Caldera und Roque Nublo konzentrieren können. Der ›Wolkenfels‹ macht seinem Namen alle Ehre: Nur für wenige Augenblicke tritt er frei hervor, kurz danach ist er erneut von weißen Schleiern umhüllt.

In der Nähe einer zugemauerten Höhle geht es über mehrere Stufen abwärts. An der Gabelung ignorieren wir den linken, zur Kreuzung Llanos de la Pez führenden Weg; wir halten uns rechts und gehen am Zaun einer Finca entlang, in der das vom Aussterben bedrohte Rote Rebhuhn gezüchtet wird. Anschließend durchlaufen wir lichten Kiefernwald und kreuzen zwei zur Campingzone Corral de los Juncos führende Pisten. 5 Min. später stoßen wir auf einen Fahrweg, in den wir rechts einbiegen. Wir gehen um **Llanos del Garañón** herum, ein Freizeitlager mit Holzhütten und Schwimmbad (_ Std.). Die nächste Gabelung ist uns bereits vom Hinweg vertraut. An ihr halten wir uns links, um sogleich wieder rechts einzuschwenken. Wir gehen 500 m zur Straße und folgen ihr dann noch einmal 500 m nach links. Endpunkt der Wanderung ist die Bar am Picknickplatz **Las Mesas** (4.15 Std.).

Aussichtsreiche Rundwanderung ab Las Mesas

Die Terrassenfelder werden nicht mehr bestellt

Geschichtsträchtige Namen

Llanos de la Pez (›Ebene des Pechs‹) und Presa de los Hornos (›Stausee der Öfen‹): Die Namen erinnern an einen Wirtschaftszweig, dem zahlreiche kanarische Familien ihre Existenz verdankten. Die dichten Kiefernwälder im Inselzentrum lieferten Holz, das auf viele Art Verwendung fand. *Tea,* das harte Kernholz, diente zur Herstellung von Möbeln, aber auch zur Gewinnung von Schwefel und Pech. Zusammen mit der stark verharzten Rinde wurde es in einem runden Steinofen verbrannt, die dabei entstandene zähe Flüssigkeit eignete sich zum Kalfatern von Schiffsplanken.

Tal des fließenden Wassers

Von Cruz de Tejeda in den Barranco de la Mina

Dieser Barranco verzaubert: Allgegenwärtig ist das Murmeln von Wasser, das sich in Kaskaden in die Tiefe stürzt und eine dschungelartige Vegetation aus Lorbeer und baumhohen Weiden speist.

DIE WANDERUNG IN KÜRZE

Anspruch: ++

Gehzeit: 3.15 Std.

An-/Abstieg: 400 m

Charakter: Panoramaweg bis zum Besucherzentrum, dann auf Pisten und schmalen Pfaden durch die Mina-Schlucht (nach Regen glitschig!); auf gut ausgebautem Weg zum Ausgangspunkt zurück

Einkehrmöglichkeiten/Unterkunft: Bars im Centro de Visitantes und in Las Lagunetas. Preiswerte Unterkünfte gibt es im Bergdorf Tejeda, ein Hotel in Cruz de Tejeda.

Anfahrt: Cruz de Tejeda ist mit dem **Auto** von allen Himmelsrichtungen gut zu erreichen. Auf der nordwärts nach Pinos de Gáldar führenden Straße erreicht man nach 200 m ein großes rundes Parkplateau. Täglich mehrere **Busverbindungen** gibt es von Las Palmas, Santa Brígida und Tejeda (Linie 305).

Varianten: Wer sich den Schlußaufstieg von Las Lagunetas nach Cruz de Tejeda sparen möchte, fährt mit Bus 305 zurück.
Geht man vom Centro de Visitantes auf der Straße 300 m weiter, kommt man zum Paß La Cumbre und hat mit Tour 3 Anschluß nach Las Mesas, La Goleta und La Culata.

Von **Cruz de Tejeda** folgen wir einem Weg, der zwischen dem Restaurant El Refugio und dem angrenzenden Verkaufsstand in südöstlicher Richtung den Hang hinaufführt. Er ist von Kastanien und Ginstersträuchern gesäumt, geleitet uns in wenigen Minuten zu einer Steinmauer, die eine

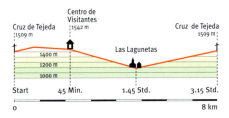

Von Cruz de Tejeda in den Barranco de la Mina

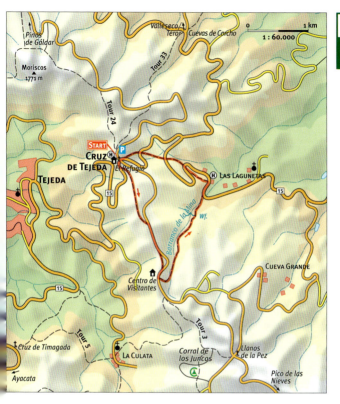

Finca auf dem vor uns liegenden Berg **Almagría** (1650 m) umgrenzt. Zur Rechten bietet sich ein grandioser Ausblick über grüne, sanft modellierte Hänge, in der Ferne erkennt man den Kamm des Bentayga, dessen Konturen im Dunst leicht verschwimmen. Wenige Minuten später geht es links an einem einzelnstehenden Haus vorbei, nun abschüssig und vorübergehend auf Piste. Wir verlassen diese auf einem rechts abzweigenden, von Seitenmauern flankierten Weg, der oberhalb der von Cruz de Tejeda zum Pico de las Nieves führenden Straße verläuft und bei km 1,7 in sie einmündet. Wir folgen der Straße 400 m nach rechts zu einer Einsattelung, wo sich der Camino Real links von einem villenähnlichen Haus fortsetzt. Nach wenigen Minuten mündet er abermals in die Straße ein, der wir jetzt bis zum **Centro de Visitantes Parque Rural El Nublo** folgen (45 Min.).

Im zugehörigen Museum werden auf Schautafeln Geologie, Flora und Fauna der Gipfelregion vorgestellt. Von der Aussichtsterrasse ein herrlicher Blick: Vor uns erhebt sich das langgestreckte Massiv des Roque Nublo, das mit seinen Felsmonolithen an eine bizarre Prozession erinnert – vorneweg der Wolkenfels mit dem ihn anbetenden Frosch, dann der in einer Sänfte getragene

Von Cruz de Tejeda in den Barranco de la Mina

Erfrischender Quell

Bischof und als Schußlicht der gebeugte Mönch. Nach rechts gleitet der Blick hinüber zum Roque Bentayga inmitten eines Wirrwarrs von Schluchten. Kommt man am späten Nachmittag hierher, bietet sich das wohl schönste Bild. Oft jagen Wolkenfetzen über die Cumbre und hüllen Nublo und Bentayga in gespenstisches Weiß. Wenig später sind die Wolken zerstoben – die Felswände erstrahlen wieder in gleißendem Licht.

Auf der gegenüberliegenden Straßenseite gibt es ein zweites, etwas bescheideneres **Aussichtsplateau.** Von dort startet eine Piste zu einem Gehöft, auch Höhlenöffnungen sind zu sehen. Wir folgen der Piste 300 m und verlassen sie kurz vor Erreichen des Talgrunds auf einem Weg nach links. Dieser verläuft anfangs parallel zum Talgrund auf der linken Seite, quert ihn einige Minuten später und bleibt fortan auf der rechten Talseite. Wir laufen quer über grüne, blühende Wiesen und passieren das Gehöft **Los Molinos,** in dem noch vor wenigen Jahren mehrere mit Wasserkraft betriebene Mühlen arbeiteten (1 Std.).

Vorbei an üppigen Kastanienbäumen kommen wir zu aufgelassenen Terrassenfeldern mit Höhlen und Hausruinen. Am Wochenende und zur Ferienzeit schlagen junge Canarios ihre Zelte hier auf, ansonsten ist es an diesem idyllischen Flecken wunderbar ruhig. Es geht allmählich steiler bergab, kreuzende Trampelpfade machen den Wegverlauf unübersichtlich. Wir bleiben noch ca. 10 Min. auf der rechten Barrancoseite, wo sich der Weg in zahlreichen Serpentinen, vorbei an Felsblöcken und kleinen Wasserfällen, hinabschraubt. Wir queren das Bachbett und lassen uns von Lorbeerbäumen und bis zu 10 m hohen Weiden umfangen. Von der linken Talseite geht es gemächlich bergab, der Weg weitet sich zur Piste und führt an Wochenendhäusern vorbei zur Straße GC-15. Wir erreichen sie am südlichen Ortsrand von **Las Lagunetas** (1.45 Std.).

700 m laufen wir in Richtung Tejeda, kürzen dann auf einem links abzweigenden Weg eine weitere Straßenkehre ab. Anschließend folgen wir der Straße 100 m abwärts, bevor sich der Weg vor der nächsten Kurve links in vielen Serpentinen fortsetzt. Noch zweimal kreuzen wir die Straße, bleiben dabei stets auf Westkurs. Unter einem Dach dichter Kastanienbäume steigen wir zu den Souvenirständen an der Kreuzung **Cruz de Tejeda** hinauf (3.15 Std.).

Wo die Mandelhaine blühen

Rundtour ab Tejeda auf Königspfaden

Wenn sich Anfang Februar die Knospen öffnen, sind die Hänge in ein weißes Blütenmeer getaucht. Dann wird auch die *Fiesta del Almendro en Flor* gefeiert, bei der viel Folklore erklingt und die Früchte des Vorjahres vernascht werden.

DIE WANDERUNG IN KÜRZE

Anspruch: +

Gehzeit: 3.15 Std.

An-/Abstieg: 300 m

Charakter: Abwechslungsreiche Tour auf meist gut ausgebauten Wegen

Einkehrmöglichkeiten: Bars und Restaurants in Tejeda und La Culata; süßen Wegproviant erwirbt man in der Dulcería Nublo im Dorfzentrum von Tejeda

Unterkunft: Unterhalb der Tankstelle ist die neue Herberge (mit Massenschlafsälen) entstanden, im Ortszentrum eine Pension und Appartements sowie restaurierte Landhäuser.

Anfahrt: Startpunkt ist die Tankstelle am Südausgang von Tejeda, dort befindet sich auch die **Bushaltestelle** (Linien 18 und 305)

Variante: Ab La Culata kann man auf mittelschwerem Weg nach Cruz de Tejeda wandern.

Von der **Tankstelle am Südausgang Tejedas** folgen wir der Straße in Richtung Ayacata/San Bartolomé für 1,2 km. An der ausgeprägten Rechtskurve des Vororts **Cuevas Caídas** (20 Min.) biegen wir links in eine Piste ein, die wir nach gut 100 m auf einem rechts abzweigenden Weg verlassen.

An zarten Mandelbäumen vorbei kommen wir zum Weiler Casas del Lomo. Nach weiteren 1,6 km halten wir uns an einer **Gabelung** rechts und steigen 300 m zu den beiden Kreuzen von **Cruz de Timagada** (1.15 Std.) empor – ein idyllisches Plätzchen für eine erste Rast. Hoch über den Kreuzen thront der aus dieser Perspektive wie eine Skulptur anmutende Roque Nublo, zu unseren Füßen breitet sich die Caldera de Tejeda aus.

Parallel zur Straße verläuft ein Weg nordwestwärts zu den Casas de Umbría (s. Tour 6), wir aber gehen zur genannten Gabelung zurück und biegen dort rechts ein. In weitem Bogen führt der bequeme, gut ausgebaute Weg um den Sockel des Roque Nublo herum, bevor er in Richtung Barrancogrund abfällt. Wir queren diesen auf einer Brücke und steigen zwischen neuem Sportplatz und Gesundheitszentrum zur Dorfstraße von **La Culata** (2 Std.) hinauf.

Variante: Alternativ zur kleinen gibt es eine große, etwas anstrengendere Runde. Auf der Dorfstraße geht man einige Schritte nach rechts und

Rundtour ab Tejeda auf Königspfaden

biegt dann links in einen Treppenweg ein, der steil zwischen den Häusern des Dorfes emporsteigt. Nach wenigen Minuten quert er eine Asphaltpiste und setzt sich am Rand von Terrassenfeldern fort. Wiederum einige Minuten später mündet er in ein Asphaltsträßchen, dem wir gut 200 m nach rechts folgen. Auf einer links abzweigenden, steil aufwärts führenden Betonpiste erreichen wir nach 150 m das höchste Haus des Ortes, die Finca La Palmita (2.20 Std.). Mit dem dort startenden Weg geht es über zahlreiche Serpentinen aufwärts. Im Seitental des Barranco de los Molinillos flacht der Weg ab und geleitet uns an großen Kiefern, Mandelbäumen und Trauerweiden vorbei. Neben der Quelle Fuente del Ancón queren wir den Barrancogrund, 2 Min. später ignorieren wir den geradeaus führenden Pfad, halten uns rechts und laufen unter einem Wasserkanal hindurch. Bis zum ›Gipfel-Paß‹ müssen wir nun noch einmal einen größeren Höhenunterschied bewältigen und viele Serpentinen auslaufen. Wir ignorieren einen links zum Weiler Casas de la Huerta abzweigenden Pfad und erreichen nach knapp 10 Min. die Straße Los Pechos–Cruz de Tejeda am Paß La Cumbre (3.30 Std.). Wenn

Rundtour ab Tejeda auf Königspfaden

man links einbiegt, passiert man nach 300 m das Besucherzentrum (Centro de Visitantes). 100 m weiter verläßt man die Straße auf einem links abzweigenden Weg, der an einem einzelnstehenden Haus erneut in sie einfließt. Nach 400 m Straße geht es abermals links ab; der Weg führt an einer Finca vorbei, schwenkt dann nordwärts und verläuft entlang einer Mauer. Er mündet in die Asphaltstraße am Cruz de Tejeda (4.15 Std.), von dort Rückkehr per Bus ins 9 km entfernte Tejeda.

Fortsetzung der Haupttour: In La Culata folgen wir der Straße nordwärts, passieren die kleine Kirche und kommen nach 850 m zum Eingang der **Finca Gran Chaparral** (2.15 Std.). 100 m weiter verlassen wir den Asphalt auf einem links abzweigenden, steingepflasterten Weg. Der alte Camino Real mündet nach 100 m in einen Fahrweg, dem wir nach rechts folgen, um nach 50 m erneut auf unseren Camino überzuwechseln. Er zweigt scharf rechts ab und windet sich abwärts, berührt nach knapp 5 Min. die Piste, um sich sogleich rechts fortzusetzen. An der nächsten Gabelung (nach abermals 5 Min.) halten wir uns links und schwenken rechts ein. Wir queren den Grund eines Seitentals und gehen an dichtem Schilfrohr entlang abwärts. Nach weiteren knapp 10 Min. kreuzen wir das Talbett erneut und kommen zu einer Piste, die uns in 250 m zur Straße nach **Cuevas Caídas** geleitet. Wir folgen ihr nach rechts und gelangen auf bekanntem Weg zum Ausgangspunkt der Tour zurück (3.15 Std.).

Tejeda, das schönste Dorf der Gipfelregion

Zu abgeschiedenen Weilern

Große Runde über El Carrizal und El Toscón

Eine Welt auf dem Rückzug: An der Südflanke des Kultberges Bentayga verstecken sich winzige Weiler, in denen der Esel noch die Lasten trägt und die tägliche Milch aus dem Euter der Ziegen stammt.

DIE WANDERUNG IN KÜRZE

Anspruch: ++

Gehzeit: 6.45 Std.

An-/Abstieg: 950 m

Charakter: Eine aufgrund der Länge und des zu bewältigenden Höhenunterschieds anstrengende Tour vorwiegend auf königlichen Wegen

Einkehrmöglichkeiten: Bars in Casas de Umbría und El Carrizal sowie im Centro de Interpretación von Bentayga

Anfahrt: Startpunkt der Tour ist der Weiler Casas de Umbría an der Straße GC-60 (4,5 km südöstlich von Tejeda). **Autos** können hier abgestellt werden, die **Bushaltestelle** (Linie 18) befindet sich vor der Bar.

Variante: Ein Spaziergang führt zum Centro de Interpretación des Roque Bentayga und zurück (2 Std.).

An der Häusergruppe **Casas de Umbría** verlassen wir die GC-60 und biegen nach links in eine schmale Asphaltstraße ein. An der Gabelung nach 500 m halten wir uns links und folgen der zum Roque Bentayga ausgeschilderten Straße. Wir verlassen diese nach ca. 300 m auf einem links abzweigenden, von einer Seitenmauer gesäumten Königsweg (10 Min.).

Variante: Bleibt man an der Abzweigung des Königswegs auf Asphalt und hält sich an der Straßengabelung 300 m weiter rechts, erreicht man nach etwa 20 Min. das Centro de Interpretación von Bentayga, ein

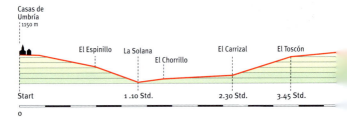

Große Runde über El Carrizal und El Toscón

archäologisches Museum, von dem ein etwa halbstündiger, im Schlußteil schwindelerregender Weg zum Kultplatz am Sockel des Roque Bentayga führt. Wohl nirgends auf der Insel bietet sich ein so imposanter Ausblick auf die Caldera de Tejeda!

Auf dem Königsweg kommen wir nach 50 m zu einer Gabelung. Wir halten uns rechts, ein schmaler, westwärts weisender Pfad führt uns hinab. Wir queren eine Asphaltpiste und passieren einen verwitterten, kreuzgekrönten Felsen. Ein weiter Blick eröffnet sich in die Schlucht, die nächsten Etappenziele erscheinen vor uns, wie Perlen auf eine Kette gereiht: vorn El Espinillo, dann La Solana am rechten, sonnenbegünstigten Berghang und in der Ferne der weiße Farbklecks von El Chorrillo. Nach einer serpentinenreichen Strecke mündet der Weg in die Straße, die uns schnell nach **El Espinillo** hinabführt. Der Weiler wirkt verlassen, die urige Bar öffnet nur, wenn sich genügend Männer zum Kartenspiel einfinden (45 Min.).

Am Ende des Dorfes geht die Straße in den alten Königsweg über, der sich kurz darauf teilt. Wir halten uns rechts, steigen an bizarren Felsen vorbei in den Grund des Barrancos hinab, den wir vor Erreichen des Dorfes **La Solana** queren. Häuser mit ziegelroten Dächern drängen sich auf schmalen Terrassen; am maleri-

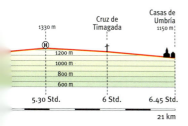

Große Runde über El Carrizal und El Toscón

Unter dem Kultberg Bentayga

schen Kirchplatz gibt es eine Bar, die nur am Wochenende öffnet (1.10 Std.).

Von der Plaza führt der Camino, der sich bald verengt, zu einer Asphaltpiste, der wir nach links folgen. Auf einer Brücke queren wir den Barrancogrund und steigen zum Weiler **El Chorrillo** hinauf (1.30 Std.). An den ersten Häusern geht es über Stufen 50 m hangaufwärts, danach halten wir uns rechts. Nach weiteren gut 100 m zwängt sich der Weg zwischen zwei Häusern hindurch. In vielen Serpentinen windet er sich aufwärts, passiert ein Holzkreuz und geleitet uns dicht am Hang entlang. Erfrischung bietet eine in den Fels geschlagene, farnumrankte Quelle. Wenig später erblicken wir den Stausee Parralillo zwischen zerklüfteten Steilwänden. Bei den ersten Häusern von **El Carrizal** mündet unser Camino in eine asphaltierte Zufahrt, auf der wir nach 100 m die Hauptstraße erreichen. Auf ihr gehen wir ein paar Schritte abwärts und biegen dann rechts ab zum Ortszentrum mit Kirche und Plaza. Im Lokal von Pepita gibt es selbstgeschöpften Ziegenkäse und deftiges Schweinefleisch, montags bleibt ihre Bar geschlossen (2.30 Std.).

Nachdem wir uns gestärkt haben, kehren wir zur Hauptstraße zurück, halten uns rechts und biegen noch vor der Kurve im Barrancogrund links in einen Wanderpfad ein. Er geleitet uns in eine schattige, mit üppiger Vegetation überwucherte Schlucht, mehrmals wechseln wir die Barrancoseite und überspringen kleine Tümpel. Nach gut 30 Min. erreicht der Camino die zum Aserrador führende **Straße**, verläßt sie aber sogleich wieder in der folgenden Linkskurve. Am einzelnstehenden Mandelbaum geht es hinauf, nach 250 m genießen wir einen phantastischen Blick rechts hinab auf den Roque Palmés, der sich wie eine stolze Sphinx aus dem Barrancogrund erhebt. Der Weg berührt wieder die **Straße**, zur Linken sehen wir Felder und ein Ziegengehege. Wir folgen der Straße 40 m hinauf, um sie rechts auf einem Pfad zu verlassen. Dieser führt an Terrassenfeldern steil zur Straße empor, deren Geländer an unserem Ausgang unterbrochen ist. Wir bleiben auf ihr 350 m und haben hinter einer weiten Rechtskurve die Möglichkeit, auf einem links hinaufführenden Steinweg – vorbei an terrassierten Feldern – die Asphaltstrecke abzukürzen. Wieder auf Straße beginnen wir die Schritte zu zählen, denn die nächste Abzweigung kann man leicht übersehen. Wir durchlaufen die Streusiedlung **El Toscón** (3.45 Std.), nach

Große Runde über El Carrizal und El Toscón

genau 1050 m befindet sich links der Straße eine in weißgetünchten Fels eingelassene **Quelle** (La Fuente), die noch heute von den Einheimischen genutzt wird. Schräg gegenüber auf der rechten Straßenseite startet ein Camino Real, der uns mäßig steil in den Barrancogrund hinabführt. Aufgelassene Felder sind von duftendem Salbei und Ginster überwuchert, Ende Januar erblühen weiß und rosafarben Mandelbäume. Kaum ein Mensch wird uns begegnen, bestenfalls sehen wir einen Hirten mit seiner Herde. Im Talgrund schwenkt der Weg auf die gegenüberliegende Hangseite und schraubt sich dann in vielen Serpentinen wieder zur Straße empor. Dort halten wir uns rechts und bleiben fortan auf der Straße. Hinter der nächsten Linkskurve genießen wir einen weiten Blick in den Barranco del Juncal. Nach 1,3 km Asphalt ist die Kreuzung am **Aserrador,** dem ›Zersägten Berg‹ erreicht (5.30 Std.).

Wir befinden uns nun an der Straße Ayacata–Tejeda und folgen ihr nach links in Richtung Tejeda. Bei Josefa in einem Haus zur Linken kann man sich mit leckerem, von ihr hergestellten Honig versorgen. 400 m weiter verlassen wir die Straße auf einem breiten Weg, der rechts hinaufführt zu den Kreuzen am **Cruz de Timagada,** bekannter als Restaurant Cueva del Rey (6 Std.). Dort wählen wir einen malerischen Pfad über rötlichen, von Agaven überwucherten Fels – parallel zur Straße GC-60 in nordwestlicher Richtung. Nach 20 Min. lassen wir eine links abzweigende Piste unbeachtet; noch 15 Min. bleiben wir auf dem Bergrücken, bevor wir auf die Straße GC-60 stoßen. Wir folgen dieser nach rechts und erreichen wenig später die Häuser **Casas de Umbría** (6.45 Std.).

Aussteigerträume

Zu den Seen von Soria und Chira

Die schönsten Stauseen des Südens sind auf dieser Tour vereint. Am ›See der Höhlenmädchen‹ lockt der romantische Picknickplatz, am Soria-See ruht man sich aus im Palmenschatten. Und an der Presa de Chira bekommt man Lust, längere Zeit zu bleiben.

DIE WANDERUNG IN KÜRZE

++
Anspruch

9.15 Std.
Gehzeit

1050 m
Anstieg

1150 m
Abstieg

Charakter: Eine lange Wanderung fast durchweg auf restaurierten Königswegen, kurzzeitig auch auf Piste; anstrengend, da steil, ist der Abschnitt Soria–Lomo de la Palma.

Einkehrmöglichkeiten: Neben der Bar in Soria gibt es mehrere Dorfkneipen in Cercados de Araña.

Unterkunft: Mit Erlaubnis des Cabildo (s. S. 137) kann man an ausgewählten Plätzen im Freien übernachten. Eine große Camping- und Picknickzone befindet sich am Nordufer des Sees Cueva de las Niñas (1,5 km westlich der Casa de la Data), eine zweite oberhalb des Chira-Sees (5,5 km der Straße in Richtung GC-60 folgen, dann 800 m auf Erdpiste zum Pinar de Santiago). In beiden Anlagen gibt es Grillöfen, Steinbänke und frisches Wasser. Der Platz an der Südseite des Chira-Sees bleibt vorerst kanarischen Gästen vorbehalten. Cercados de Araña bietet Unterkünfte in Fincas.

Anfahrt: Die Kreuzung am Aserrador liegt 2 km nordwestlich von Ayacata an der Straße nach Tejeda (GC-60) und ist erreichbar mit **Bus** 18. Dieser bedient auch Cruz Grande, den Endpunkt der Tour.

Variante: Eine kürzere Wanderung (6 Std.) führt auf einfachen Wegen über den See der Höhlenmädchen und die Kreuzung Cruz de la Huesita zurück zum Startpunkt. Für diese Route muß man die Hauptwanderung nach 2.30 Std. verlassen.

Achtung: Nach starken winterlichen Regenfällen ist der Weg nach Soria unpassierbar.

Von der **Kreuzung am Berg Aserrador** folgen wir der nach El Juncal und El Toscón ausgeschilderten Straße und biegen an der Gabelung 50 m später links ein. In einer weiten Kehre führt die Asphaltpiste ins Tal von El Juncal, rötlich-ockerfarben schimmern die ringsum aufragenden Berg-

Zu den Seen von Soria und Chira

ketten. Nach gut 500 m verlassen wir den Asphalt auf einer links abzweigenden Steinrampe; nahebei befindet sich eine in den Fels eingelassene Quelle. In Serpentinen schraubt sich der Weg zum Bergkamm empor, der die Schluchtensysteme des Zentrums von denen des Westens trennt.

Vom Chimirique-Paß eröffnet sich ein grandioser Ausblick auf senkrecht abfallende Steilwände, im Nordwesten sehen wir die Häuser von El Juncal, im Südosten die Ausläufer des Barranco de Soria. Auf der Folgestrecke geht es in stetem Auf und Ab am Kamm entlang, wobei sich immer wieder schöne Ausblicke mal auf die eine, mal auf die andere Bergseite bieten. Ginster und Zistrose begleiten uns, später laufen wir durch lichten Kiefernwald. Nach einer markanten Wegbiegung bietet sich ein erster Blick auf einen Stausee, der nach den früher hier lebenden Schafhirtinnen Presa Cueva de las Niñas (›See der Höhlenmädchen‹) genannt wird: Malerisch liegt er auf einem gewellten Felsplateau, smaragdfarben glitzert seine Oberfläche.

Bald führt der Weg am Südhang des Morro de Pajonales über weich federnden Kiefernboden abwärts. Er mündet in eine Forstpiste an der Kreuzung **Cruz de la Huesita** (1.45 Std.): Rechts geht es nach El Juncal und geradeaus zum Alsándara (s. Tour 23), wir aber biegen links in die zum Stausee führende Piste ein, um sie sogleich wieder über links abzweigende Stufen zu verlassen. Der zu Beginn steingepflasterte Weg geleitet uns rasch in den Kiefernwald hinab, an unübersichtlichen Stellen zeigen Seitenmauern die Fortsetzung an. Kurzzeitig leuchtet zwischen Kiefern der Stausee auf, dessen Arme weit in die Landschaft ausgreifen. Schließlich mündet der Weg in die GC-605 Ayacata–Mogán nahe der Kreuzung **Casa de la Data,** die ihren Namen dem vor uns liegenden Gehöft verdankt (2.30 Std.).

Variante: Hält man sich an der Kreuzung rechts, gelangt man nach 1,5 km zu einem der schönsten Picknickplätze der Insel. Nach einer Pause folgt man der Straße südwestwärts und biegt nach wenigen Minuten rechts in eine Piste ein (3.20 Std.), die in weiten Kehren zur Kreuzung Cruz de la Huesita (4.10 Std.) zurückläuft. Dort wählt man den vom Hinweg bereits vertrauten Pfad zur Rechten und wandert zum Ausgangspunkt der Tour zurück (6 Std.).

Wir aber kreuzen die Straße und folgen der südwärts weisenden Piste. Diese verlassen wir nach 200 m auf einem rechts abzweigenden, von Mäuerchen flankierten Camino Real, der in 600 m, teilweise über ausgewaschenen Felsgrund, zu einer Asphaltpiste hinabführt. Wir biegen links in sie ein und folgen ihr 250 m, bevor wir erneut auf den links abzweigenden Camino überwechseln. Der Weg setzt sich in Südwestrichtung fort, erst ansteigend, dann über mehrere Kehren abfallend. Wir passieren mehrere große Höhlen, die den Hirtinnen als Behausung dienten – heute bieten sie Wanderern idealen Unterschlupf bei plötzlichem Regen. Dann kommt zum ersten Mal der Soria-See in den Blick: Einer Krake gleich greifen seine Arme in die Seitenbarrancos aus. Das Grün üppiger Palmen steht in reizvollem Kontrast zu den herben, ockerfarbenen Steilwänden.

An Ginster und Agaven vorbei steigen wir hinab und gelangen zu

Zu den Seen von Soria und Chira

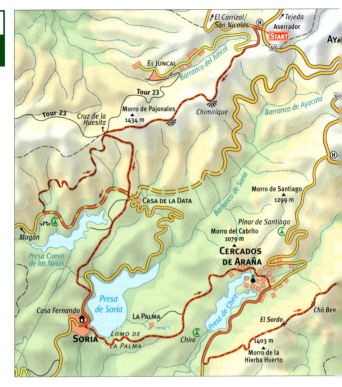

einem felsigen Plateau unterhalb einer Steilstufe. Nach winterlichen Regenfällen stürzt hier das Wasser in wilden Kaskaden hinab, der Weg ist dann unpassierbar. In der Folge bleibt das Wasser in tiefen Steinmulden zurück – ein herrliches Gefühl, die müden Füße im kühlen Naß zu erfrischen!

Nach Querung des Felsplateaus schwenkt der Weg erst auf Südost, später auf Süd und führt zu einer Piste, die uns zur Dorfstraße von **Soria** bringt. Wir biegen rechts in sie ein und kommen nach ca. 1 km zur Südwestecke des Sees oberhalb der Staumauer. Eine Verschnaufpause kann man in der urigen Casa Fer-

Zu den Seen von Soria und Chira

nando einlegen: Zum frisch gepreßten Papayasaft bestellt man einen großen Salat oder einen Teller Ziegenkäse – dazu das frische, köstliche Brot aus der benachbarten Bäckerei Macías (3.45 Std.).

Von Fernando führt eine Asphaltpiste in 5 Min. zum Soria-See hinab. Wir queren die Staumauer und ignorieren den von rechts einmündenden Weg (s. Tour 18). Unser Weg gewinnt rasch an Höhe und schraubt sich den Steilhang der Schlucht empor. Der imposante Ausblick auf den unter uns grün aufleuchtenden See entschädigt für die Mühen des Aufstiegs. Vor rötlichem, von Wasser und Wind ausgewaschenem Gestein wachsen Mandelbäume, der Weg wird gesäumt von Säuleneuphorbien und Taginaste. Wir passieren einen markanten Felsdurchbruch (Paso de la Galana) und laufen den Bergrücken **Lomo de la Palma** hinauf, der die Barrancos Soria und Chira voneinander trennt (5 Std.). Auf Piste geht es weiter nach La Palma, einer Handvoll malerischer, aber unbewohnter Häuser. Zur Rechten erblicken wir das weite Tal des mehrarmigen Chira-Sees, in langen Kehren führt die Piste hinab. Wir passieren die ersten Häuser von **Cercados de Araña** und gelangen über die Nordseite des Sees zum Ortszentrum (5.45 Std.).

Einige Worte zur Orientierung: An der Kreuzung befindet sich eine Telefonzelle; links geht es zu drei Dorfkneipen und in 6 km hinauf zur Straße GC-60, von wo man mit Bus 18 nach San Bartolomé und Maspalomas fahren kann.

Wer die Kraft hat, bis Cruz Grande weiterzulaufen, folgt der Straße an der Ortskreuzung nach rechts und geht am Ostufer des Chira-Sees ent-

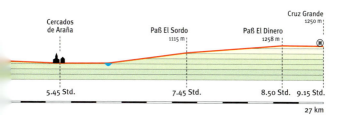

Zu den Seen von Soria und Chira

Blick auf den Soria-See

lang. Nach knapp 2 km ist die **Staumauer** (6.15 Std.) erreicht, angrenzend ein Freizeitgelände. 900 m weiter biegen wir links ab und folgen einer kleineren, aufwärtsweisenden Piste. Diese verlassen wir nach knapp 20 Min. auf einem links abzweigenden Königsweg, der uns am Westhang des Morro de la Hierba Huerto emporgeleitet. Hier bieten sich immer wieder schöne Tiefblicke auf den Chira-See, lichter Kiefernwald spendet etwas Schatten. Ab und zu vernimmt man das Klopfen des *picapinos*, des ›Kiefernpickers‹, der an seinem rötlichen Bauch erkennbar ist. Am Paß **El Sordo** (7.45 Std.) halten wir uns an der Gabelung links. 20 Min. später beginnt ein letzter längerer Aufstieg entlang der östlichen Hangseite. Einen rechts abzweigenden Pfad lassen wir unbeachtet, bevor unser Weg nahe dem **Paß El Dinero** (8.50 Std.) in eine breite Piste einmündet. Wir folgen ihr nach links, passieren nach 15 Min. die Zufahrt zum Forsthaus Cueva de Pinar und erreichen kurz darauf den Felsdurchbruch von **Cruz Grande** an der GC-60 (9.15 Std.).

Naturpark Pilancones

Von Cruz Grande zur ›Paßhöhe des Farns‹
Kiefernwald satt: Duftender Harz und weich federnder Nadelboden, blühender Ginster und Hornklee. Turmfalken ziehen über den Tälern ihre einsamen Kreise und beleben den langen Rückweg auf Piste.

DIE WANDERUNG IN KÜRZE

Anspruch: +

Charakter: Einfache, aber sehr lange Tour auf gut ausgebauten Wegen und Pisten

Gehzeit: 6.45 Std.

Einkehrmöglichkeiten: Keine

An-/Abstieg: 400 m

Anfahrt: Cruz Grande liegt an der Verbindungsstraße Maspalomas–Tejeda und ist erreichbar mit **Bus** 18.

Vom Felsdurchbruch **Cruz Grande** gehen wir in Richtung Tejeda und biegen sogleich links in eine Piste ein. Wir ignorieren zwei rechts abzweigende Wege, eine Kette versperrt nach 150 m Autos die Durchfahrt.

Fast höhehaltend führt die Piste in den jungen Kiefernwald des Naturschutzgebiets Pilancones, dessen karges Unterholz nur im Frühling durch weiß- und rosablühende Zistrosen *(Cistus diniferus, Cistus symphytifolius)* belebt wird. An der etwas undeutlichen **Paßhöhe El Dinero** (20 Min.) verlassen wir die Piste auf einem rechts abzweigenden, durch Seitenmäuerchen angezeigten Camino Real. In mehreren Kehren schraubt er sich am Osthang des Morro de las Cruces zu einer Weggabelung hinab, an der wir uns nach etwa 10 Min. rechts halten. Der Camino führt weiter zum **Paß Chó Benito**, wo sich ein erster Blick auf den Stausee Chira eröffnet (1 Std.). Wie ein Silbertuch spannt sich das Gewässer über das weite Tal, das von sanft geschwungenen Bergrücken flankiert ist.

Danach geht es weiter am Bergkamm entlang, wir passieren eine weitere Einsattelung und schlagen einen Bogen um den Alto de Chó Eusebio.

Am Fuße des Morro de la Hierba Huerto, am **Paß El Sordo** (›Taubenpaß‹, 1.30 Std.), stoßen wir auf eine markante Gabelung: Geradeaus geht es zum Stausee Chira (s. Tour 7), wir dagegen wählen den links abzweigenden Weg. Er führt durch lichten Kiefernwald, quert den Osthang der Montaña de las Tórtolas (›Turteltauben‹) und mündet an der **Paßhöhe des Farns** (Los Helechos,

Von Cruz Grande zur ›Paßhöhe des Farns‹

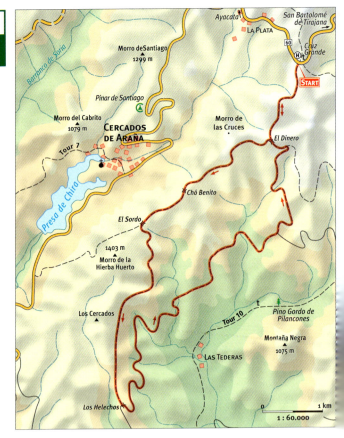

2.40 Std.) in eine Piste. Wir biegen links in sie ein und halten nun Nordkurs. Bequem führt uns die Piste durchs Naturschutzgebiet – so weit das Auge reicht, kieferngekrönte Hänge, Einsamkeit und Stille. Nach 11 km gemächlichen Ab- und Aufstiegs gelangen wir zu einer **Pistengabelung** (5.30 Std.). Wir halten uns links und gelangen zu der uns bereits vom Hinweg bekannten **Paßhöhe El Dinero** (6.15 Std.). Vor

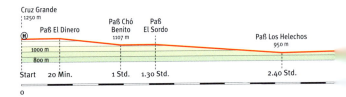

Von Cruz Grande zur ›Paßhöhe des Farns‹

Übernachtungsmöglichkeit am Ufer des Chira-Sees: Casa Ted

hier lassen wir uns die letzten 1,5 km gemütlich zum Ausgangspunkt der Tour nach **Cruz Grande** (6.45 Std.) zurücktreiben.

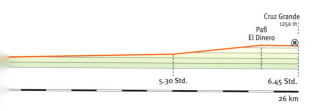

Panoramatour San Bartolomé

Rundwanderung über den ›Kamillenpaß‹

Santiago, der Schutzheilige von San Bartolomé, soll den Spaniern bei der Unterwerfung der Altkanarier geholfen haben. Am 25. Juli steigt eine Prozession ins Städtchen hinab: Heiligenverehrung mischt sich mit Trauer um die untergegangene Welt der Vorfahren.

DIE WANDERUNG IN KÜRZE

Anspruch: +

Gehzeit: 4.30 Std.

An-/Abstieg: 400 m

Charakter: Nach einem deutlichen Anstieg bis zum Manzanilla-Paß verläuft die Tour ruhig auf Piste, berührt bei Cruz Grande kurzzeitig die Straße und führt zurück auf vorbildlich gepflastertem Weg.

Einkehrmöglichkeiten/Unterkunft: Bars, Pension und Hotel in San Bartolomé.

Anfahrt: San Bartolomé liegt an der Verbindungsstraße Maspalomas–Tejeda und ist erreichbar mit **Bus** 18.

Variante: Am Paß La Manzanilla hat man über einen Verbindungsweg Anschluß an die für ihre Riesenkiefer berühmte Tour 10. Man folgt der Piste nach links, nach 700 m geht es auf einem rechts abzweigenden Weg in den Talgrund hinab. Nach insgesamt 1,6 km ist eine markante Wege- und Pistenkreuzung erreicht, von wo man mit Tour 10 in 2.30 Std. Ayagaures erreicht (nächster Busanschluß am Palmitos-Park).

Das kleine Städtchen **San Bartolomé,** von den Einheimischen mit seinem prähispanischen Namen *Tunte* genannt, ist Verwaltungssitz der größten und reichsten Inselgemeinde. Neben dem **Hostal Santana** steigen wir über eine ausladende Granittreppe aufwärts und queren eine schmale Straße. Von der darüberliegenden Plaza gehen wir über sechs Stufen aufwärts, um sogleich links in eine Fußgängergasse einzubiegen. An blumengeschmückten Häusern und Ziegenställen vorbei

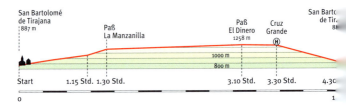

Rundwanderung über den ›Kamillenpaß‹

geht es steil zu einer Asphaltpiste hinauf, in die wir links abzweigen. An der Gabelung nach 100 m laufen wir geradeaus, passieren eine Aussichtsterrasse und die Zufahrt zum neuen Hotel. Nach 300 m auf Asphalt biegen wir rechts in den Camino del Pinar (›Kiefernweg‹) ab, einen erdigen Fahrweg, der nach 100 m auf eine Piste stößt, der wir nach links folgen. An der Gabelung nach 500 m geht es rechts weiter. Vor uns liegt die Granja, eine landwirtschaftliche Anlage, zu der wir in 800 m hinaufsteigen (50 Min.). Oben angelangt halten wir uns halbrechts; fortan fällt die Orientierung leicht, es gibt keine weiteren Abzweigungen.

Fast zu jeder Jahreszeit sind die vorwiegend kargen Hänge mit Farbtupfern bedeckt. Nach Mandelbäumen erblüht der Lavendel, kaum ist sein Violett abgestumpft, färbt sich der Ginster strahlendgelb. Der breite Weg schlängelt sich am Osthang des Morro de las Vacas entlang, kurz hinter einem Felsüberhang, unter dem schon manch ein Wanderer seinen Schlafsack ausgerollt hat, kommen wir zur erfrischenden Quelle **Fuente del Solapón** (1.15 Std.). In der Folge schraubt sich der Weg in vielen Serpentinen zu einer Einsattelung hinauf. Hier, am **Paß La Manzanilla** (›Kamillenpaß‹, 1.30 Std.), kündigt ein Schild den Beginn des Naturschutzgebiets Pilancones an. Gen Osten blickt man in den Kessel von Tirajana, gen Westen schweift der Blick über das Tal von Pilancones und seine weiten, kiefergespickten Hänge. Allerlei Kräuter sind zu entdecken, so der rosafarben leuchtende kanarische Thymian (*Micromeria helianthemifolia*) und der als Allheilpflanze begehrte wilde Salbei

Rundwanderung über den ›Kamillenpaß‹

Vor dem Aufstieg von San Bartolomé zur Paßhöhe La Manzanilla

(*Salvia canariensis*). Kaut man seine Blätter, verflüchtigen sich Zahnschmerzen – trinkt man ihn als Tee, verbessert sich die Verdauung.

Die Paßhöhe war früher ein ›Verkehrsknotenpunkt‹: Nach links führt eine Piste in den Süden (s. Variante), nach rechts geht es – auf dem Weg, den wir wählen – durch das Naturschutzgebiet Pilancones nach Cruz Grande. Weil die Strecke für Fahrzeuge gesperrt ist, können wir träumen und uns auf den Singsang der Vögel konzentrieren. In weitem Bogen schreitet die Piste die Westflanke des 1433 m hohen Morro de las Vacas aus. Nach etwa 1 km könnte man seinen Gipfel über eine schmale, rechts hinaufführende Steinrampe besteigen (1.45 Std.) – doch die Anstrengung lohnt nicht, der Ausblick ist nicht besser als vom Paß La Manzanilla.

Stets folgt der Fahrweg dem Bergverlauf, führt fast höhehaltend an den steil abfallenden Hängen entlang; einmal schwenkt er kurz auf Südkurs, um einen Ausläufer des Morro de la Cruz Grande zu umrunden. Unter uns erblicken wir eine weitere Forstpiste, die nach 2.30 Std. in unsere Piste einmündet. 600 m weiter passieren wir den **Paß El Dinero,** wo links ein Wanderweg (s. Tour 8) zum Sordo-Paß und zum Stausee Chira startet (3.10 Std.). Nach weiteren 1,5 km ist die Straße GC-60 erreicht, über die San Bartolomé mit Ayacata und dem Inselzentrum verbunden ist. Wir halten uns rechts und passieren den Felsdurchbruch **Cruz Grande** (3.30 Std.).

Nur wenige Schritte hinter dem Paß biegen wir rechts in eine **Forstpiste** ein, die wiederum für Autos gesperrt ist. Wir verlassen sie nach 200 m auf einem Weg, der als Paradebeispiel für Caminos Reales (›Königswege‹) gerühmt wird. Er ist fast durchgehend steingepflastert und von Seitenmauern flankiert, an abschüssigen Hängen schützen seitwärts angebrachte Terrassen vor Erosion. Bei nur mäßig steilem Abstieg genießen wir hinreißende Ausblicke in den Talkessel der Caldera de Tirajana. Wir passieren eine Quelle, die zu einer kleinen Pause einlädt, und beginnen am markanten Felsstein Roquillo den endgültigen Abstieg. Gut 10 Min. geht es in zahlreichen Serpentinen hinab, dann begrüßen uns die Mandel-, Orangen- und Olivenbäume von **San Bartolomé.** An einer Telefonzelle stoßen wir auf eine Asphaltpiste, gehen geradeaus auf ihr weiter und biegen nach 200 m links ein. Nach abschüssigen 300 m ist die Hauptstraße erreicht, hier hält man sich rechts und kommt in 2 Min. zum Ortszentrum (4.30 Std.).

Caldera de Ayagaures

An der ›Riesenkiefer‹ vorbei zum ›Ruheplatz der Toten‹

Idyllisch spiegeln sich Palmen und Häuser im Stausee Gambuesa, darüber erheben sich ausgedörrte Steilhänge, die in höheren Lagen aufgeforstet sind. Vereinzelt sieht man noch uralte knorrige Kiefern, die alle Feuersbrünste überstanden haben.

DIE WANDERUNG IN KÜRZE

++ Anspruch

6 Std. Gehzeit

700 m An-/Abstieg

Charakter: Relativ leichte Wanderung auf ausgebauten Wegen und Pisten, aufgrund des anfangs zu bewältigenden Höhenunterschieds zeitweise anstrengend

Einkehrmöglichkeiten: Bar und Laden in Ayagaures

Anfahrt: Die Straße von Maspalomas nach Ayagaures ist durchgehend asphaltiert, gute **Parkmöglichkeiten** gegenüber der Herberge nahe der Kirche. Wer im Urlaub kein Auto mieten will, fährt mit **Bus** 45 oder 70 zum Palmitos-Park und startet die Tour dort (s. Tour 11 bis Ayagaures, 1.15 Std.).

Vom **Ortskern in Ayagaures** mit Kirche und Bar folgen wir der Straße 150 m nordwärts zur Staumauer, wo wir uns links halten und in eine Erdpiste einbiegen. Unter uns der spiegelglatte Stausee von Ayagaures, am Wegesrand eine Finca aus Naturstein und ein blumengeschmücktes Haus. An der Gabelung nach 900 m halten wir uns links, nach weiteren 100 m biegen wir rechts ab und überqueren die **Staumauer,** die den Ayagaures-See vom höhergelegenen Gambuesa-See trennt (15 Min.).

Über uns liegen die verstreuten Katen eines Weilers inmitten einer leuchtenden Palmenoase. Die Piste windet sich in mehreren Kurven aufwärts, Abzweigungen zur Rechten und zur Linken lassen wir unbeachtet. Nach 700 m passieren wir das höchstgelegene Haus von **Ayagaures Alto,** rechts von uns ein rauschender Wassertank (40 Min.). Wir bleiben noch 50 m auf Piste, biegen dann links ab in einen schmalen, nordwärts ansteigenden Weg. Er verläuft an der Westflanke eines Bergrückens, zur Linken sehen wir den mit Höhlen gespickten Berg Punta de los Atajos (641 m), kurzzeitig auch die Häuser von Taginastal. Hinter einem Gehöft mit rotem Ziegeldach mündet unser Weg in eine **Piste,** der wir aufwärtig folgen (2.30 Std.). Wir passieren einen Wasserspeicher, zur Linken liegt der 1075 m aufragende Berg Montaña Negra. 20 Min. später kommen wir zu einer wichtigen **Wege- und Pistenkreuzung** (3.15 Std.). Die Piste gerade-

An der ›Riesenkiefer‹ vorbei zum ›Ruheplatz der Toten‹

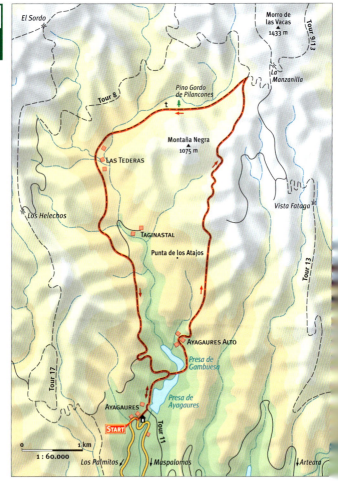

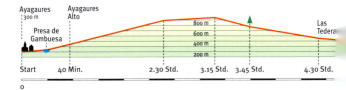

aus führt zu den Campingzonen El Vivero und Los Bailaderos, der rechts abzweigende Königspfad in 1,6 km zum Paß La Manzanilla (s. Tour 9) – wir dagegen halten uns links und folgen dem Weg in den Barrancogrund hinab.

Nach 20minütigem Abstieg passieren wir die Kiefer **Pino Gordo de Pilancones** (›Dicke Kiefer von Pilancones‹), ein knorriges, 50 m hohes Riesenexemplar (3.45 Std.). 400 m weiter erscheint ein Kreuz mit der Aufschrift »Descansadero de los Muertos« (›Ruheplatz der Toten‹), ein guter Ort zum Verschnaufen, bevor wir unseren Abstieg fortsetzen. Vom Kreuz windet sich der Weg beharrlich hinab und führt um ein paar verlassene Häuser herum. Kurz darauf quert er den Talgrund des Barranco de la Data und mündet in eine Piste, in die wir links einbiegen. Sie geleitet uns zum Weiler **Las Tederas,** der seinen Namen der gleichnamigen Pflanze (deutsch: ›Bitumenklee‹) verdankt. Ihre hellen, lanzenförmigen Blätter sind als Viehfutter beliebt, und auch die violett schimmernden Blüten werden von Ziegen keineswegs verschmäht. Der Weiler macht heute einen verlassenen Eindruck: Verwitterte Steinhäuser, teilweise noch mit holzgeschnitztem Balkon, kauern zwischen hundertjährigen Palmen, aus grünem Dickicht leuchten Orangen und Zitronen. Nur am Wochenende belebt sich der paradiesische Flecken, wenn einige Bewohner an den Ort ihrer Vorfahren zurückkehren, um das Obst zu ernten (4.30 Std.).

Der Fahrweg setzt sich in südwärtiger Richtung fort, wir ignorieren den Linksabzweig zum Weiler Taginastal. Nach 5.45 Std. passieren wir die Pistengabelung, die uns schon vom Hinweg vertraut ist. Vorbei am See und dem Gehöft aus Naturstein erreichen wir die Staumauer, 150 m weiter stärken wir uns in der Bar am Kirchplatz von **Ayagaures** (6 Std.).

Camino de los Muertos

Reisende aus dem 19. Jh. berichten von schweigenden Trauerzügen, die von den Küstendörfern nach San Bartolomé pilgerten, wo sich der einzige christliche Friedhof des Südens befand. So arm waren die Leute, daß sie sich einen eigenen Sarg nicht leisten konnten. Sie betteten ihre Toten in eine große Holzkiste, die in einer Höhle von Ayagaures aufbewahrt wurde. Auf bloßen Schultern wurde die schwere Last bergauf geschleppt. Eine Rast gönnte man sich am *Descansadero de los Muertos* (›Ruheplatz der Toten‹) nahe Pino Gordo, der legendären, inzwischen über 500 Jahre alten Kiefer. Nach der Beerdigung in San Bartolomé zog die Prozession mit leerem Sarg nach Ayagaures zurück.

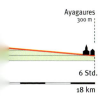

Canyons und sengende Sonne

Vom Palmitos-Park zur Nekropolis von Arteara

Am Anfang eine Oase mit subtropischer Vegetation, doch nach Ayagaures Öde, nichts als Öde, so weit das Auge reicht! Zum Abschluß geht es an einem Geröllfeld prähispanischer Gräber vorbei, wo Dorfkinder bis vor kurzem Fußball mit Schädeln spielten.

DIE WANDERUNG IN KÜRZE

Anspruch: +

Gehzeit: 5 Std.

Länge: 19 km

Charakter: Problemlose Wanderung auf Pisten und Wegen, aufgrund der Länge anstrengend.

Ausrüstung: Es empfiehlt sich, frühmorgens aufzubrechen und ausreichend Flüssigkeit dabeizuhaben, auch eine Kopfbedeckung ist empfehlenswert!

Einkehrmöglichkeiten/Unterkunft: Hotel in Los Palmitos, Bars in Ayagaures und Arteara

Anfahrt: Mit **Bus** oder **Auto** von Maspalomas in Richtung Palmitos-Park 11 km auf der landeinwärts führenden Stichstraße bis zu einem großen Parkplatz (Buslinien 45 und 70). Vom Endpunkt Arteara geht es mit Bus 18 zur Südküste zurück.

Vom **Palmitos-Park** geht es auf Asphalt 800 m zum Park- und Sporthotel Helga Masthoff hinauf, danach weiter auf Erdpiste, die sich über mehrere Kehren zum **Paso de los Palmitos** hinaufschraubt (30 Min.). Hier, am ›Durchgang‹ zum benachbarten Barranco de la Data, lohnt ein kurzer Abstecher 100 m nach rechts, wo sich von einem Aussichtsplateau ein grandioser Blick auf die Gebirgsstaffel eröffnet. Einziger grüner Flecken weit und breit ist das nördlich gelegene Ayagaures mit Stausee und Terrassenfeldern. Deutlich sichtbar ist bereits die Piste, die sich entlang ausgedörrter Bergflanken in Richtung Arteara windet.

Den Weiler **Ayagaures** erreichen wir auf einem wenig befahrenen, mit EU-Geldern finanzierten Asphaltsträßchen, in das wir am Paso nach links eingeschwenkt sind (1.15 Std.). Im Dorfzentrum liegt rechts der Kirchplatz mit einer beliebten Bar, links eine Herberge aus Franco-Zei

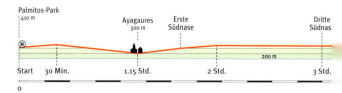

Vom Palmitos-Park zur Nekropolis von Arteara

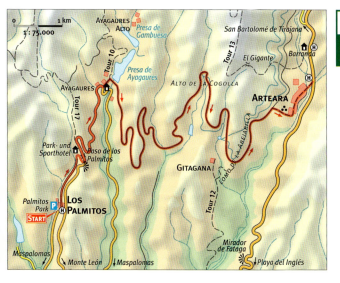

ten mit dem 1999 restaurierten Wappen »España: una, grande, unida« (›Spanien: einzig, groß, vereint‹). Wir queren die Staumauer auf einem 2 m breiten Weg, der in eine Erdpiste übergeht.

Bis Arteara sind es von hier 16 km – eine einsame, staubige Strecke, auf der es keinen einzigen schattenspendenden Baum gibt, keinen Laden und keine Bar. Dabei windet sich unsere Piste von einem Barranco zum nächsten und passiert fünf gewaltige, südlich vorspringende Felsnasen. Die Vegetation ist äußerst karg, außer Taginaste und Tabaiba behauptet sich hier nur die unverwüstliche Kandelaberwolfsmilch.

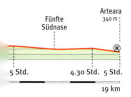

An der **ersten Südnase** schauen wir ein letztes Mal auf das Dorf Ayagaures und den Barranco de la Data zurück (1.45 Std.). Unsere Piste krallt sich in die Bergflanken, schwindelerregend steil fällt der Hang zum Talgrund hinab. An der **zweiten Nase**, die eine weitläufige Einsattelung bildet, eröffnet sich ein weiter Blick auf das gewaltige Schluchtensystem des Barranco de los Vicentes (2 Std.). Eine halbe Stunde später informiert eine große Tafel mitten in der Einöde über einen mit EU-Mitteln angelegten Wasserkanal, der quer durch den Berg getrieben wurde. Und wieder drehen wir unsere Runde, passieren die **dritte Südnase**, die den Barranco de los Vicentes vom Barranco de los Vicentillos trennt (3 Std.). 500 m weiter sieht man rechts unten ein einsames Gehöft nebst kleinem Stausee, zu dem sich eine Piste hinabwindet. – Kurz hinter der **vierten Nase** (3.45 Std.) ein unerwartetes Zeichen von Fruchtbarkeit: In einem Seitenbar-

Vom Palmitos-Park zur Nekropolis von Arteara

Am Mirador überblickt man fast die gesamte Tour

ranco sprießt üppiges Schilfrohr, gespeist von einer scheinbar nie versiegenden Quelle. Der Blick reicht bis zu den Dünen von Maspalomas, bei klarer Sicht ist selbst die Silhouette des Leuchtturms auszumachen.

In dieser Öde freut sich der Wanderer über jede noch so kleine Abwechslung. Für kurze Zeit wird die Piste von einer hohen, windschiefen Steinmauer flankiert, 300 m weiter fällt rechts ein Weg steil in den Barranco hinab, über den sich ab dem Gehöft im Talgrund ein weiterer Zugang zur Küste erschließt. Endlich ist die letzte, die **fünfte Südnase** erreicht, die nach dem zugehörigen Bergrücken Lomo de la Abejarilla (›Berg der kleinen Biene‹) benannt ist. 5 Min. später passieren wir die Gabelung **Playa del Inglés/Ayagaures/Arteara** (4.15 Std.).

Die Schlußetappe wird eingeläutet. Wir sehen einen bizarren, mit roten Gesteinsbrocken übersäten Hang vor uns, in dem die größte prähispanische Nekropolis der Kanaren entdeckt worden ist. Sie wurde mit einem grünen Draht umzäunt – weniger zu ihrem Schutz als vielmehr zum Zeichen dafür, daß das Geröllfeld eine wichtige archäologische Fundstätte birgt. Nach 1,2 km nähern wir uns ihr auf einem Pfad, der kurz vor dem grünen Zaun die Piste nach rechts verläßt und durch unauffällige Steinmännchen markiert ist (4.30 Std.). In einem weiten Bogen führt der **Camino de la Necrópolis** über felsiges, steini

Vom Palmitos-Park zur Nekropolis von Arteara

ges Terrain am Rand des prähispanischen Friedhofs entlang. Wir durchschreiten ein Gittertor, an kleinen Agavenpflanzen vorbeigehend erreichen wir eine Schautafel am Auftakt der Dorfpiste von Arteara. Diese führt uns an einer Oase von Palmen vorbei, ihr frisches Grün steht in wohltuendem Kontrast mit den kahlen, im Hintergrund aufscheinenden Felshängen. Viele Häuser des Weilers wirken verlassen, an ihren Mauern ranken sich Hibiskus- und Efeusträucher hoch. Nach 700 m ist die Straße Maspalomas–Fataga erreicht, zur Linken befindet sich die **Bushaltestelle Arteara** (5 Std.).

Altkanarische Bestattungsriten

809 Grabstellen haben Archäologen im Geröllfeld oberhalb von Arteara ausfindig gemacht; die ältesten stammen aus dem 5. Jh. Bereits von der Piste kann man die typischen Tumuli-Gräber erkennen: es sind bienenkorbähnliche Bauten aus flachen, aufeinandergelegten Steinen mit einer kleinen Öffnung. Wer zur altkanarischen ›Elite‹ gehörte, genoß das Privileg, mumifiziert zu werden. Die Einbalsamierung erfolgte in ummauerten Parzellen, die noch heute neben einigen Gräbern auszumachen sind.

Palmen und Olivenhaine

Tour 12

Von Santa Lucía zum ›Jahrhundertkreuz‹

Entlang einer spektakulären Abbruchkante geht es zu einer versteppten, vom ›Jahrhundertkreuz‹ gekrönten Hochebene hinauf. Beim Abstieg durchstreift man verwilderte, exotische Gärten – schönste kanarische Ländlichkeit!

DIE WANDERUNG IN KÜRZE

Anspruch: +

Gehzeit: 2 Std.

Länge: 5 km

Charakter: Kurze Tour, die ab Ortsausgang auf einem kehrenreich angelegten Königspfad verläuft. Hoch oben am Kreuz bietet sich ein phantastischer Ausblick auf den Kessel von Tirajana mit den steil aufragenden Felswänden des Zentralmassivs. Der Abstieg erfolgt über romantische Fluren zur moschee-artigen Kirche von Santa Lucía.

Einkehrmöglichkeiten: Bars und Restaurants in Santa Lucía

Anfahrt: Startpunkt ist das inselbekannte Ausflugslokal Hao am südlichen Ortsausgang von Santa Lucía (GC-65). Es ist gut erreichbar mit Auto (Parkplatz am Lokal) und Bus (Linie 34).

Am **Restaurant Hao** folgen wir der Avenida Vicente Sánchez Araña aufwärts. Bevor die Straße rechts abknickt, verlassen wir sie auf einem links abzweigenden Weg (ausgeschildert: Camino al Valle). Dieser führt in nordwestlicher Richtung an einer Steinmauer entlang. Wenn er sich 3 Min. später an der Casa El Valle gabelt, gehen wir rechts, schwenken aber schon nach 30 m wieder links ein. Vorbei an blühenden Gärten erreichen wir nach 300 m eine Gabelung an einem verlassenen **Haus** (20 Min.). Wir halten uns rechts und kommen kurz darauf zu einer Kreuzung: Rechts geht es zu der aus Naturstein erbauten Herberge Las Tederas, die leider nur für kanarische Jugendgruppen geöffnet ist, links zweigt der Camino Vueltas de Adeje ab. Wir aber halten uns geradeaus und folgen der breiten Piste, die uns hineinführt in eine von der Sonne ausgeglühte Felslandschaft. 10 Min. später verlassen wir die Piste auf dem rechts abzweigenden **Camino Real del Siglo** (30 Min.). Steil, aber in bequemen Kehren führt er uns zu einem versteppten **Hochplateau** (1 Std.) hinauf, von dem sich ein herrlicher Ausblick auf die Bergwelt des Südens bietet. An der höchsten Stelle der jäh zum Tirajana-Kessel

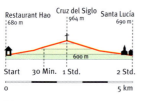

Santa Lucía zum ›Jahrhundertkreuz‹

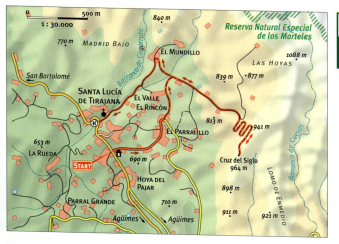

hin abstürzenden Kante erkennt man ein Kreuz: Auf Karten wird es als Cruz de las Vueltas (Kreuz der Kehren) bezeichnet, Einheimische nennen es, weil es im Jahr 1900 aufgestellt wurde, **Cruz del Siglo** (Jahrhundertkreuz). Ein höhlenartiger »Sitzplatz« nahe dem Kreuz ist der ideale Ort für eine ausgiebige Rast!

Der Rückweg ist im ersten Teil identisch mit dem Hinweg: Entlang der Steilflanke geht es abwärts, dann biegen wir links in die Piste ein und folgen ihr gut 10 Min. bis zur Gabelung am verlassenen Haus (1.40 Std.). Dort gehen wir diesmal geradeaus weiter, vorbei an hohen Palmen und wild wuchernden Oliven- und Orangenbäumen. An der Verzweigung nach 120 m halten wir uns halblinks, nach weiteren 200 m mündet der Weg in eine Asphaltpiste, der wir nach links folgen. Bald darauf ignorieren wir den ausgeschilderten Linksabzweig zum Valle und gehen weiter bergab, bis an einer Brücke über einen Barranco unsere Asphaltpiste auf eine breitere Straße stößt. Wir halten uns rechts, gehen die Calle de Castillo Olivares entlang und passieren den Kirchplatz von **Santa Lucía** (2 Std.). Über die Calle Pérez del Toro steigen wir zur GC-65 hinab, wo sich außer der Bushaltestelle auch zwei Restaurants befinden. Wer mit dem Auto gekommen ist, folgt der GC-65 gut 400 m südwärts zum **Ausflugslokal Hao.**

Palmenhain bei Santa Lucía

Von Santa Lucía zum ›Jahrhundertkreuz‹

Tour 12

Der ›Paß des Giganten‹

Von Arteara nach San Bartolomé

Dromedare beäugen den Wanderer skeptisch: So mancher fand den Einstieg in den lotrecht aufragenden Gebirgszug nicht und kehrte mit lädierten Füßen zurück. Wer aber den Paß erklommen hat, darf sich freuen: grandiose Felsszenerie und kilometerweit kein Mensch!

DIE WANDERUNG IN KÜRZE

+++ Anspruch

5 Std. Gehzeit

850 m Anstieg

300 m Abstieg

Charakter: Der Aufstieg ist gefährlich und nur trittsicheren und schwindelfreien Wanderern zu empfehlen. Ab dem Erreichen der Piste (nach 2 Std.) geht es ohne Schwierigkeit weiter bis San Bartolomé.

Einkehrmöglichkeiten/Unterkunft: Lokal in der Kamelstation, Pension und Bars in San Bartolomé

Anfahrt: Das Palmenwäldchen der Kamelstation Barranda, Startpunkt dieser Tour, liegt 600 m nördlich von Arteara an der Straße Maspalomas–San Bartolomé (**Bus** 18).

Von der Station **Camel Safari Barranda** folgen wir einer Piste in südwärtiger Richtung, vorbei an mehreren Ställen. Der Fahrweg knickt nach 150 m rechts ein, wir verlassen ihn nach 50 m auf einem breiten Weg nach links. Dieser mündet in eine Piste, der wir nach links folgen, um sie sogleich wieder auf einer gerölligen, rechts abzweigenden Piste zu verlassen. Mit ihr geht es 200 m in ein Seitental hinein, anschließend halten wir auf die quer über den Hang verlaufende **Ayagaures-Piste** zu (15 Min.).

Wir folgen dieser nach links und biegen wenig später in einen rechts abzweigenden Geröllweg ein, der in 200 m den quer über den Hang verlaufenden Wasserkanal erreicht. Ihm folgen wir 1 Min. nach rechts, queren ihn dann und gehen auf einem Trampelpfad durch ein Seitental aufwärts. Der Aufstieg ist steil, die Wegspur knickt links ein und führt in einer Diagonale zum Bergkamm hinauf. Oben angelangt halten wir uns rechts und kämpfen uns durch ein Wirrwarr versprengter Gesteinsbrocken. Der Weg bildet sich anschließend wieder heraus und führt im Zickzack längs der Steilwand zum **Paß des Giganten** hinauf (El Gigante, 1.30 Std.). Seinen Namen trägt er zu Recht: Gleich einem gigantischen U trennt er zwei fast gleich hohe Gipfel.

Danach schwenkt der Weg westsüdwestwärts ein – zwar geht er passagenweise verloren, doch bildet er sich immer wieder neu heraus. Auf dem Bergkamm wechselt er auf Nordkurs und stößt auf einem mit jungen Kiefern bestandenen Geröll-

Von Arteara nach San Bartolomé

Auf dem Weg zum Manzanilla-Paß

plateau auf den Beginn einer **Forstpiste** (2 Std.).

Diese wird uns in den kommenden zwei Stunden begleiten. Sie verläuft vorwiegend in nördlicher Richtung, nur vorübergehend werden Kurven geschlagen, um steil aufschießende Hänge zu überwinden. Erstmals geschieht dies nach 900 m am **Puntón del Garito** (2.15 Std.), wo sich hinter einer scharfen Rechtskurve ein grandioser Ausblick auf die Cuchillos ›Messer‹ eröffnet, langgestreckte schmale Gebirgszüge, die sich wie Rampen in Richtung Küste vorschieben.

Wir bleiben rechts vom Barrancogrund und kommen nach 2 km zum **Paß Vista Fataga** (2.45 Std.), einem idealen Ort für eine Rast. Steigt man hier ein paar Schritte hinauf, bietet sich nach Osten ein atemberaubender Blick in das Tal, in dem unsere Wanderung begann.

In den nächsten Minuten bahnt sich die Piste ihren Weg in den Barranco de los Vicentillos, um auf der gegenüberliegenden Hangseite in Serpentinen wieder aufzusteigen. Auf dem Bergkamm angelangt, ignorieren wir eine Piste zur Linken (3 Std.), passieren 600 m weiter ein

Von Arteara nach San Bartolomé

verlassenes Gehöft, dessen bröcklige Mauern von Pflanzen überwuchert sind. Reicher wird nun die Vegetation: Zwischen aufgebrochenem rötlichem Gestein wachsen Lavendel und Säuleneuphorbien, Weißer Affodil und rosettenförmiges Aeonium.

In der Folge lassen wir zwei Abzweigungen unbeachtet: nach 100 m eine zur Linken, 600 m darauf eine zur Rechten. Nach weiteren 800 m, in einer markanten Rechtskurve, wurde von der Gemeindeverwaltung ein grünes Schild mit der Aufschrift »Mesas y Mesitas« (›Große und kleine Hochebenen‹) postiert – an dieser Stelle genießt man einen letzten Blick auf die Dünen von Maspalomas, nun schon in weiter Ferne und verhangen im Dunst. Die Piste führt kurzzeitig bergab, nach gut 200 m ignorieren wir einen Camino Real, der links nach Ayagaures hinabgeht. 700 m weiter ist der wichtige **Paß La Manzanilla** erreicht (4 Std.).

Die Piste führt geradeaus weiter nach Cruz Grande (s. Tour 9), wir aber halten uns rechts und folgen dem Camino del Pinar (›Weg der Kiefer‹) nach San Bartolomé. In mehreren steil abfallenden Kehren krallt sich der Weg in die Ostflanke des Morro de las Vacas. Nach knapp 1 km passieren wir zur Linken die Quelle Fuente del Solapón, die wohltuende Kühlung spendet. Danach geht es auf Weg und breiter Piste weiter, vorbei an einer großen Farm erreichen

wir müde und erschöpft das Ortszentrum von **San Bartolomé** (5 Std.). In der Dorfbar stärken wir uns mit den lokalen Spezialitäten *Guindilla* (Kirschlikör) oder *Vino de Guindo* (Sauerkirschwein).

Zum ›Schneegipfel‹

Von Cruz Grande über den Pico de las Nieves nach Santa Lucía

In schneeweißem Gewand präsentiert sich der 1949 m hohe Pico nur wenige Tage im Jahr. Doch dafür bietet er ein imposantes Panorama: Von kiefernbewachsenen Hängen schweift der Blick über zerklüftete, ineinander verzahnte Gebirgszüge bis hinaus aufs Meer.

DIE WANDERUNG IN KÜRZE

Anspruch: +++

Gehzeit: 6 Std.

Anstieg: 850 m

Abstieg: 1400 m

Charakter: Aufgrund der gewaltigen Höhenunterschiede sehr anstrengende Tour auf Pisten und Königswegen

Einkehrmöglichkeiten/Unterkunft: Bars, eine Pension und das Hotel Las Tirajanas in San Bartolomé. Am Mirador Pico de las Nieves gibt es einen Imbißstand, in Santa Lucía Bars und Restaurants.

Anfahrt: Cruz Grande liegt an der Verbindungsstraße Maspalomas–Tejeda und ist erreichbar mit **Bus** 18. Von Santa Lucía geht es mit Bus 34 zurück nach San Bartolomé und von dort mit Bus 18 zum Startpunkt der Tour oder nach Playa del Inglés/Maspalomas.

Vom Felsdurchbruch in **Cruz Grande** gehen wir auf der GC-60 gut 50 m in Richtung San Bartolomé und biegen auf der linken Straßenseite in eine Piste ein, an der ein Schild auf das Naturschutzgebiet Riscos de Tirajana verweist. Wenig später passiert man ein Plateau mit Sitzbänken und

Von Cruz Grande über den Pico de las Nieves nach Santa Lucía

drei kleinen Kreuzen – eine Reminiszenz an jenes ›große Kreuz‹ (Cruz Grande), an dem sich die Prozessionsgemeinde früher eine Pause gönnte, bevor sie nach San Bartolomé weiterzog.

Die Piste geht in einen steingepflasterten Weg über, der an einem Haus rechts vorbei aufwärts führt. Nach einer steilen, anstrengenden Passage geleitet er uns höhehaltend am Fuß senkrecht aufragender Steilwände entlang, bevor er sich neuerlich nach oben schraubt. Dies ist der spektakulärste und aufregendste Abschnitt: In unzähligen engen Kehren krallt sich der steingepflasterte, von Seitenmauern eingefaßte Weg in den Paso de la Plata, eine Steilstufe, die bis ins 19. Jh. als unüberwindlich galt. Wir passieren zwei winzige Staubecken, den Charco Hondo und den Chó Flores, die den hier beheimateten Greifvögeln als Tränke dienen. An der Ebene **Pargana** (1 Std.) flacht der Weg ab, wir laufen auf den Kiefernwald zu, wo sich der Weg fortsetzt. Nach Passieren eines Holzkreuzes führt er höhehaltend weiter, bevor er noch einmal kräftig ansteigt zur Einsattelung **Los Hornos** (1.45 Std.). An einem von der Inselregierung aufgestellten Naturparkschild verlassen wir den Weg und biegen rechts in einen durch Steinmännchen markierten, ostwärts weisenden Pfad ein. Dieser geleitet uns durch lichten Kiefernwald

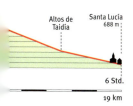

zum Bergkamm empor, wo er nordostwärts einschwenkt. Er bleibt fortan stets am Kamm bzw. knapp unterhalb desselben. Nach 15 Min. kommen wir zum **Paß Los Gatos** (2 Std.), von dort geht es am Kamm entlang zum 1926 m hohen **Campanario** (2.30 Std.), von dem sich ein grandioser Ausblick auf die senkrecht abfallenden Wände der Caldera de Tirajana eröffnet. Den mit Pfosten markierten Gipfel erreicht man am besten über die Südflanke des Berges; wer hinaufgeht, sollte für Hin- und Rückweg zusätzliche 20 Min. einplanen.

Auch in der Folge bleiben wir in Kammnähe und lassen mehrere, den Hang hinabführende Pfade unbeachtet. Vorübergehend nimmt der Weg Kurs auf Nord, schwenkt aber rasch wieder ostwärts ein. Der **Pico de las Nieves,** das nächste Zwischenziel, ist erkennbar an den beiden großen Kugeln der Militärstation. Wir queren einen gerölligen Felshang und steigen über eine niedrige Mauer zum **Mirador,** der Aussichtsterrasse hinauf (2.45 Std.). Von der Westseite blickt man auf all jene Gipfel, denen Gran Canaria seine Beliebtheit als Wanderziel verdankt: Vor uns liegen die Felsnadeln von Roque Nublo und Roque Bentayga, rechts die kieferngekrönten Hänge des Moriscos, zur Linken der markant aufragende Altavista und im Hintergrund der Bergrücken des Tamadaba. Und geht man zur Südseite der Aussichtsterrasse, schaut man über schwindelerregende Abstürze ins Tal von Tirajana hinab.

Vom Aussichtspunkt geht es gut 500 m zur Straßengabelung am Eingang des Militärstützpunkts hinab, wo wir rechts in die ostwärts weisende Straße einbiegen. Nach weiteren gut 20 Min. passieren wir die Radiostation des **Roque Redondo** (3.15 Std.). Wo die Straße links einknickt, gehen wir auf Piste geradeaus weiter. Wenn diese wenige Minuten später eine Rechtskurve beschreibt, verlassen wir sie auf einem nordwärts führenden, etwas undeutlichen Pfad, der auf einen Kiefernhain zuhält, dann einen Bogen schlägt und uns über Lavaasche zur Einsattelung am Südrand der Calderilla, eines ›kleinen‹ Vulkankraters, geleitet. Über seinen Südhang geht es anschließend zu einer Piste hinab. Wir folgen dieser südwärts und schenken mehreren Abzweigungen zur Rechten keine Beachtung. Am **Cruz del Socorro** (4 Std.) ignorieren wir einen abzweigenden Pfad zur Linken (s. Tour 15), passieren die Campingzone Mesa de las Vacas (›Ebene der Kühe‹) und steigen zum Paß El Viento hinab. Noch eine links abdriftende Piste bleibt unbeachtet, dann ist der Aussichtspunkt **Cruz de la Helada** erreicht (4.15 Std.). Hier geht die Piste in einen vorbildlich angelegten, von Seitenmauern flankierten Camino Real über, der sich in Serpentinen von einem blanken Felshang absenkt. Dieser ist übersät von einer nur auf Gran Canaria anzutreffenden Pflanze *(Verode/Senecio kleinii)*. Sie besticht durch fleischige, von einem rötlichen Stachelkranz gesäumte Blätter, die eine perfekte Rosette bilden; im Frühjahr treibt sie einen Sporn aus, der die Form einer Pyramide annimmt und rosafarben aufleuchtet.

Hinter der Quelle **Fuente del Atajo** schwenkt der Weg kurzzeitig auf Nordwest und führt höhehaltend einen Felssteig entlang, an dessen Ende sich ein weiterer Ausblick auf die zerklüfteten Steilhänge von Tirajana und den silbergrauen Zuckerhut des Risco Blanco bietet. Danach

Von Cruz Grande über den Pico de las Nieves nach Santa Lucía

Santa Lucía

schraubt sich der Weg in Kehren hinab und ist von den typischen Pflanzen des Inselsüdens gesäumt: Taginaste (›Stachliger Natternkopf‹), Tabaiba (›Wolfsmilchgewächs‹) und Vinagrera (›Mond-Ampferstrauch‹). Rechts von uns befindet sich der Barranco Seco, links der Barranco de Cagarrata.

Der Weg mündet neben einem Haus in eine Zementpiste, in die wir links einbiegen. Hier befinden wir uns bereits in **Altos de Taidía** (5.30 Std.), dem höchstgelegenen Viertel des weitverstreuten Weilers. Zwischen Palmen und Obstgärten lugen Häuser hervor, weit unter uns liegt das Dorfzentrum mit Kirche und Plaza. Wir folgen dem anfangs nur leicht abschüssigen Fahrweg und ignorieren nach 200 m eine Erdpiste zur Linken. Wer nicht ins Ortszentrum von Taidía hinabgehen will, wechselt nach 150 m auf einen Weg nach links, der höhehaltend längs eines Zaunes verläuft. Hinter ihm erstrecken sich blühende Gärten, uns weht der Duft von Zitronen und Orangen entgegen. 200 m weiter ignorieren wir einen zweiten zum Dorfzentrum hinabführenden Pfad; wir laufen geradeaus weiter, erst auf Weg, später auf Piste.

Sobald Santa Lucía ins Blickfeld rückt, geht es bergab. Vorbei an einem Elektrizitätsturm führt der nun wieder steingepflasterte Weg über enge Kehren steil abwärts, um schließlich zwischen zwei Häusern in die Straße Calle de Castillo Olivares einzumünden. Wir biegen rechts ein und kommen zum Kirchplatz von **Santa Lucía.** Über Treppen geht es zur Hauptstraße mit Bars und Bushaltestelle hinab (6 Std.).

Aufstieg zum Vulkankrater

Tour 15

Durch den Barranco de Guayadeque zur Caldera de los Marteles

Durch ein malerisches Schluchtenbett geht es zu einem großen Vulkankrater hinauf, ein aussichtsreicher Höhenbummel schließt sich an. Damit das Essen im Höhlenrestaurant noch besser schmeckt, wählt man den Abstieg entlang einer dramatischen Steilflanke.

DIE WANDERUNG IN KÜRZE

++ Anspruch

5.15 Std. Gehzeit

700 m An-/Abstieg

Charakter: Problemlose Wanderung auf Pisten und Wegen, aufgrund des zu bewältigenden Höhenunterschieds aber anstrengend

Einkehrmöglichkeiten: Höhlenbars und -restaurants in Montaña de las Tierras

Anfahrt: Der Startpunkt Montaña de las Tierras liegt im Barranco de Guayadeque 6 km oberhalb der Stelle, an der sich die von Ingenio und Agüimes kommenden Zufahrtsstraßen kreuzen. Beste **Parkmöglichkeit** für Autos am Restaurant Tagoror. Der **Busservice** ist schlecht; bisher fährt nur Mo und Mi um 8 Uhr morgens ein Bus (Linie 27) von Agüimes ins Tal hinauf, der um 8.30 Uhr bereits wieder zurückkehrt.

Montaña de las Tierras ist das Relikt eines alten Vulkanbergs, den Wasser und Wind im Laufe der Zeit formten. Er ist von einem Labyrinth höhlenartiger Gänge durchzogen, in denen heute zwei urige Restaurants untergebracht sind.

Wir folgen der gemächlich ansteigenden Piste bergauf und genießen den Blick auf eine spektakuläre Szenerie: zur Linken Mandelbaumterrassen am Fuß hoch aufschießender Steilwände, zur Rechten rötliche, zinnenartige Felsen. Und es lohnt sich auch, auf den Startpunkt der Wanderung zurückzuschauen: Die sanft gerundeten Flanken des Tafelbergs kontrastieren mit den zerklüfteten Giganten ringsum.

Nach 1,2 km führt uns die Piste an einem Wassertrog vorbei, der vorbeiziehendem Vieh als Tränke dient,

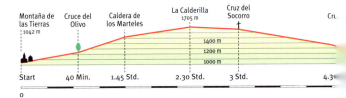

Durch den Barranco de Guayadeque zur Caldera de los Marteles

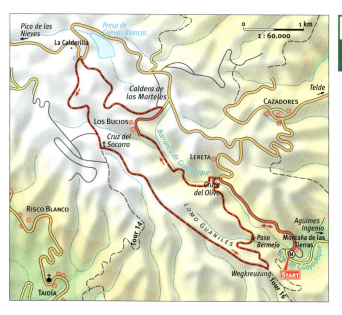

nach weiteren 600 m quert sie den Talgrund (30 Min.). 400 m weiter, kurz vor Erreichen des Weilers Lereta, verlassen wir die Piste nach links und folgen einem Weg, der das trockene Bachbett kreuzt und anschließend auf Westrichtung schwenkt. Er gabelt sich nach wenigen Minuten an einem wilden Ölbaum, nach dem die Wegkreuzung **Cruce del Olivo** benannt ist (40 Min.). Links hinauf geht es zum Kamm des Lomo Guaniles, über den wir auf dem Rückweg zurückkommen. Jetzt aber halten wir uns rechts und laufen parallel zum Barranco-

grund weiter. Wenig später kreuzt der Weg das trockene Bachbett, bevor er erneut auf die linke Seite zurückschwenkt. Verwilderte Terrassenfelder schmiegen sich an den Hang, nach regenreichen Wintern sind sie von Botónes de Oro (›Goldknöpfen‹) bedeckt – so nennen Kanarier die endemische Heilpflanze *Ranunculus cortusifolius*.

Wir passieren eine Hausruine aus aufeinandergeschichteten Steinen und folgen einem Pfad, der links hinaufführt und wenig später parallel zum Talgrund einschwenkt. Nachdem sich vom Barranco de Guayadeque ein anderes Tal abgespalten hat, quert unser Weg das trockene Bachbett nach rechts und führt entlang einer Reihe von Kiefern kammaufwärts. Nahe einer Finca stößt er auf eine Piste, der wir in westlicher Richtung hinauffolgen. Auf Schildern ist angezeigt, daß wir *Propiedad privada* (›Privatbesitz‹) durchschreiten,

Durch den Barranco de Guayadeque zur Caldera de los Marteles

doch nur die angrenzenden Fincas sind privat, die Piste dagegen ist öffentlich. Über Serpentinen gelangen wir zum Weiler Los Bucios, wo wir von einer Vielzahl kläffender Hunde empfangen werden. Am letzten Gehöft schwenkt die Piste nach rechts und führt uns zu einer Gabelung an der Südseite eines mächtigen Kraters (1.45 Std.). Die **Caldera de los Marteles,** entstanden vor ca. 15 000 Jahren, trennt den Barranco de Guayadeque von der Gipfelregion ab. Auf ihrem fast kreisrunden fruchtbaren Grund wurde früher Getreide gepflanzt, heute liegen die Felder brach.

Wir schwenken an der Gabelung scharf links in eine als Privatweg gekennzeichnete, Wanderern jedoch zugängliche Piste, die uns westwärts zum nächsten Etappenziel führt. Lavageröll macht das Gehen anfangs beschwerlich, doch nach 10minütigem Weg durch schütteren Kiefernwald haben wir wieder festen Boden unter den Füßen. Im Halbkreis wandern wir um einen Bergkegel herum, unmittelbar vor einer Höhle dreht der Weg auf Nordwest. Hinter uns sehen wir noch einmal die Caldera, rechts vor uns die Presa de Cuevas Blancas, einen winzigen Stausee inmitten rötlichen Gesteins. Der Weg führt links an der Häusergruppe Los Cascajales vorbei, ist dann von Zypressen gesäumt und endet an der von Telde zum Pico de las Nieves führenden Straße, 2,5 km westlich der Caldera de los Marteles (2.30 Std.). Nahe der Kreuzung gibt es eine Quelle, weshalb die Stelle auf einigen Karten auch als Curva del Agua (›Wasserkurve‹) vermerkt ist; die meisten Karten beschränken sich mit dem Hinweis auf **La Calderilla,** den nordwestlich angrenzenden, 1771 m aufragenden Vulkankegel.

Ab der ›Wasserkurve‹ folgen wir einer breiten Piste südwärts und passieren eine mit Kiefern bewachsene Anhöhe. In der Folge ignorieren wir mehrere rechts abzweigende Wege, auch die zum Pico de las Nieves führende Piste. Wenig später stoßen wir auf das **Cruz del Socorro,** ein unscheinbares Holzkreuz, das die Gemeindegrenzen von San Mateo und Valsequillo, Santa Lucía und San Bartolomé markiert (3 Std.).

Die Piste führt nach Santa Lucía (s. Tour 14), wir aber verlassen sie nach links auf einem Pfad, der sich wenig später gleichfalls in eine Piste verlängert. In der folgenden halben Stunde bleiben wir stets auf Südostkurs und ignorieren drei Rechtsabzweigungen, deren letzte zu einem rosafarbenen Haus führt. Über einen schmalen Bergrücken kommen wir zu einer Anhöhe und genießen einen herrlichen Rundblick. An einer scharfen Linkskurve (3.30 Std.), in der die Piste plötzlich steil bergab geht, wechseln wir auf einen Pfad, der am Bergrücken des Lomo Guaniles entlang führt. Er geleitet uns an einem weißen Haus vorbei und hält auf eine kleine Anhöhe zu (3.45 Std.). Hier schwenken wir links und laufen in mehreren Kehren hinab. Nach wenigen Minuten kommen wir zu einer wichtigen, aber unscheinbaren **Wegkreuzung,** an ein zartes Mandelbäumchen wächst (3.50 Std.).

Geradeaus geht es nach Cuevas Bermejas (s. Tour 16), rechts über einen teilweise überwucherten Trampelpfad nach Temisas; wir aber wählen den links abzweigenden Camino Real, der uns ohne große Anstrengung in den Barranco de Guayadeque zurückführt. Von einer Steinmauer gesäumt, beschreibt er eine weite Kehre und passiert auf-

Durch den Barranco de Guayadeque zur Caldera de los Marteles

Aufstieg zur Caldera de los Marteles

gegebene Terrassenfelder. An einer markanten Felskuppe schwenkt der Weg nach links und eröffnet den Blick auf eine aus dem Steilhang emporwachsende Felsnadel. Turmfalken und Mäusebussarde ziehen ihre einsamen Kreise, und auch das ›Teufelspferdchen‹, eine bis zu 8 cm große Heuschrecke, macht seine Aufwartung. – Nach knapp 10 Min. ignorieren wir den an einem großen Mandelbaum links abzweigenden Weg und laufen rechts weiter, queren das trockene Bett der Cañada de la Almagria und kommen zum 1320 m hohen **Paso Bermejo** (›Rötlicher Paß‹, so benannt nach der Farbe des Felsgesteins (4.10 Std.). Der Weg schwenkt an dieser Stelle scharf nach links und gibt den Blick frei auf steil abstürzende Hänge sowie Häuser im Barrancogrund. An weiteren Mandelbäumen vorbei erreichen wir nach einer 15minütigen, fast höhehaltenden Wegpassage den ›Ruheplatz‹, El Descansadero, wo eine letzte steile Abstiegsetappe beginnt. Der Weg schraubt sich über ein Dutzend enger Kehren hinab, an dem wilden, uns vom Aufstieg bereits vertrauten Ölbaum gabelt er sich **(Cruce del Olivo,** 4.30 Std.). Wir halten uns rechts und gelangen nach 5 Min. zur Piste, die uns in 2,2 km zum Berg **Montaña de las Tierras** zurückbringt (5.15 Std.).

Unter uns der Abgrund

Von Cuevas Bermejas hinauf zum Guayadeque-Kamm

Ein Ausflug in die Vergangenheit: Cuevas Bermejas heißt ein Weiler im Barranco de Guayadeque, dessen Bewohner seit prähispanischer Zeit in Höhlen leben. Selbst die Dorfbar und die Kapelle des San Bartolomé sind in den rötlichen Fels geschlagen.

DIE WANDERUNG IN KÜRZE

+++ Anspruch

4.30 Std. Gehzeit

750 m An-/Abstieg

Charakter: Anspruchsvolle Tour mit steilem An- und Abstieg, Schwindelfreiheit und Trittsicherheit sind unbedingt erforderlich. Teilweise ist der Weg von Vegetation überwuchert, auf einigen Streckenabschnitten muß man sich weglos am Verlauf der Berghänge orientieren.

Einkehrmöglichkeiten: Bars und Restaurants in Cuevas Bermejas und Montaña de las Tierras

Anfahrt: Der Startpunkt Cuevas Bermejas befindet sich im Unterlauf des Barranco de Guayadeque, 2,5 km oberhalb der Stelle, an der sich die von Ingenio und Agüimes kommenden Zufahrtsstraßen kreuzen. **Autos** können gegenüber der Höhlenbar des Weilers abgestellt werden. Der **Busservice** ist schlecht; bisher fährt nur Mo und Mi um 8 Uhr morgens ein Bus (Linie 27) von Agüimes ins Tal hinauf, der um 8.30 Uhr bereits wieder zurückkehrt.

Variante: Am Paß Pino Cazado kann man sich den schwierigen Abstieg ersparen, indem man ihn mit Tour 15 weiträumig umgeht. Dadurch verlängert sich die Wanderung auf 5 Std.

Von Cuevas Bermejas hinauf zum Guayadeque-Kamm

Vom kleinen Kirchplatz in **Cuevas Bermejas** (›Rötliche Höhlen‹) gehen wir auf einem steingepflasterten, von einem Geländer gesäumten Weg in östlicher Richtung den Hang hinauf. An der Gabelung hinter Haus 17 ignorieren wir den halbrechts ansteigenden Weg und gehen – vorbei an einem hübschen Höhlenhaus – geradeaus weiter. Kurz darauf passieren wir ein Gehege, in dem Schafe und Ziegen gehalten werden, rechts davon eine von Höhlen durchlöcherte Felswand, aus der vielfaches Gebell ertönt. »Hunde, die bellen, beißen nicht«, meint Diego, Besitzer der über 20 Jagdhunde und versichert, seine Tiere seien stets gut angeleint. Wir passieren den Fels, halten uns an der Gabelung wenig später links (der rechte, aufwärts weisende Pfad endet an einigen Bienenstöcken). Sogleich quert unser Weg einen Seitenbarranco und führt uns an Mandelbäumen vorbei. Gewaltig ragen über uns die fast senkrechten Steilwände der Schlucht von Guayadeque auf, unvorstellbar scheint es, daß wir sie innerhalb einer halben Stunde erklimmen können! Doch der Weg ist breit und gut ausgebaut, an ausgesetzten Stellen von Seitenmäuerchen flankiert. In weiten Schleifen geht es bergauf, je höher man steigt, desto ungewöhnlicher die Vegetation: Aus Felsspalten lugt hellgrüner Valo hervor, ein Strauch mit hängendem, ›schütterem Haar‹, und knorrige Euphorbien stehen am Wegesrand. Wir passieren eine große Höhle, die noch heute zuweilen als Viehstall dient, wenig später erkennen wir auf dem Bergkamm ein kleines, kreuzähnliches Gebilde, das sich beim Näherkommen als Schild der Umweltbehörde entpuppt. Es trägt die Aufschrift **»Monumento Natural«** und ist unser erstes Etappenziel (40 Min).

Oben angekommen, wechselt das Landschaftsbild: Vor uns erstreckt sich eine weite, sanft gewellte Anhöhe, überwuchert von Wolfsmilchpflanzen. Wir halten uns rechts, gehen stets am Steilhang entlang. Blicken wir zurück, so sehen wir im Südosten die Häuser von Carrizal und silbern glänzende Planen von Treibhäusern, zwischen denen kegelförmig der Gando aufragt. Unserer Orientierung dienen Steinmännchen sowie Felsplatten, auf denen »coto« (›Jagdrevier‹) geschrieben steht – sonntags wird hier auch außerhalb der Jagdsaison oft gejagt, Opfer sind die wenigen verbliebenen Kaninchen und Wildtauben. Schon früh ist auf der vor uns liegenden Erhebung die **Casa de los Pastores** erkennbar, unser nächstes Etappenziel, ein einsames Steinhaus (1 Std.). Auf einer Steinbank kann man eine Verschnaufpause einlegen, hier ist man bestens geschützt vor dem starken Nordostwind.

Weglos setzen wir die Wanderung in westlicher Richtung fort, am besten läuft man auf die terrassierten Hänge mit Mandelbäumen zu und orientiert sich an der rechten, aufwärts führenden Begrenzungsmauer. An ihrem Ende halten wir auf eine Bergkuppe zu, von der sich ein grandioser Blick in die Tiefe des Barranco de Guayadeque bietet. Wir gehen links den Bergrücken entlang und gelangen kurz darauf zum Paß **Cañada de la Cruz** (1.30 Std.), wo mehrere Wege zusammenlaufen: Über den rechts hinabweisenden Pfad gelangt man in 3 Min. zu Höhlenhäusern über schwindelerregendem Abgrund und von dort weiter in den Barranco de Guayadeque hinab (dort Einmündung in die Straße 2,1 km westlich Cuevas Bermejas). Wir aber bleiben auf Westkurs, der Weg ist vorübergehend gut sichtbar und führt uns auf die Hochebene Mesa del Moral: Zur Linken erscheinen Schluchten und Berge des Südens, zur Rechten die Steilwände der Guayadequeschlucht. Später ist der Weg teilweise von Ginster überwuchert, doch die Orientierung fällt leicht, da wir unser nächstes Etappenziel bereits vor Augen haben. Es ist ein hoher, spitzförmiger Felsmonolith am Rand des Steilhangs, der mit grellweißer Farbe bemalt ist. Beim Näherkommen sehen wir, daß er von Höhlen durchlöchert ist, den **Cuevas de la Mesa del Moral** (1.45 Std.). Einige Eingänge, durch blaue Türen verschlossen, führen ins Innere des Berges; frei zugänglich sind ein paar Ausbuchtungen, die bei Regen und Sturm Schutz bieten. Futterkrippen und Wassertröge sind in den Fels geschlagen, selbst ein kleiner Backofen fehlt nicht. Die Terrasse vor den Höhlen ist ein wunderbarer Flecken für ein Picknick, vielleicht auch für eine Nacht im Freien.

Blickt man von der Höhle gen Süden, kann man bereits die nächste Wegstation erkennen. Es handelt sich um eine tote Kiefer, deren Arme hinter dem nächsten Berghang aufragen. Ein gut erhaltener Weg führt in 10 Min. dorthin, passiert dabei einen Dreschplatz zur Rechten und eine weitere, etwas versteckt gelegene Höhle zur Linken. Von den Canarios wird der Baum zärtlich **El Pinillo** (›Kiefernbäumchen‹) genannt. In Wahrheit aber handelt es sich um einen Koloß, dessen Arme gespenstisch in die Höhe starren, als suchten sie aus den vorbeiziehenden Wolken neues Leben zu zaubern (2 Std.).

Hinter der Kiefer führt ein Weg aufwärts. Falls er zugewachsen ist, steigt man querfeldein über die Südseite des Berghangs hinauf und orientiert sich dann an der weitläufigen Einsattelung in westlicher Richtung. Spätestens nahe einer kreisförmigen Mauer schält sich der Weg wieder heraus, der erst in mehreren Kehren, dann in einer langen Horizontale am Berghang entlangführt, bevor er über Lavageröll zur Einsattelung hinabgeleitet. Von dort folgen wir dem Weg nordwestwärts in Richtung einiger aufgelassener, agavengesäumter Terrassenfelder. Wenig später erreichen wir den **Paß Pino Cazado** (2.30 Std.), einen tiefen Einschnitt im Bergrücken zwischen den etwa gleich hohen Gipfeln des bis zu 1325 m aufragenden Guaniles-Massivs. Aus der Vogelperspektive sieht

Von Cuevas Bermejas hinauf zum Guayadeque-Kamm

Casa de los Pastores

man in schwindelerregender Tiefe Montaña de las Tierras, malerisch windet sich eine Piste durch den Barrancogrund.

Variante: Wer sich den schwierigen Abstieg ersparen möchte, geht vom Paß knapp 10 Min. weiter in westlicher Richtung. Links vorbei an Höhlenwohnungen kommt man zu einer wichtigen, aber unscheinbaren Wegkreuzung, an der ein zartes Mandelbäumchen wächst. Links geht es nach Temisas, geradeaus zur Mesa de las Vacas, wir gehen rechts hinab in den Barranco de Guayadeque: Von einer Steinmauer gesäumt, beschreibt der Camino Real eine weite Kehre und passiert aufgegebene Terrassenfelder. Nach knapp 10 Min. ignorieren wir den an einem großen Mandelbaum links abzweigenden Weg und laufen rechts weiter, queren das trockene Flußbett und kommen zum 1320 m hohen Paso Bermejo (›Rötlicher Paß‹). Der Weg schwenkt an dieser Stelle scharf nach links und gibt den Blick frei auf steil abstürzende Hänge sowie Häuser im Barrancogrund. Nach weiteren 15 Min. beginnt die steile Abstiegsetappe. Der Weg schraubt sich über ein Dutzend enger Kehren hinab, an einem wilden Ölbaum gabelt er sich (Cruce del Olivo, 3.15 Std.). Wir halten uns rechts und gelangen nach ein paar Minuten zur Piste, die uns in 2,2 km zum Berg Montaña de las Tierras bringt (4 Std.). Hier haben wir wieder Anschluß an Tour 16 und erreichen binnen 1 Std. Cuevas Bermejas (5 Std.).

Fortsetzung der Haupttour: Den Einstieg in den Abstieg markiert ein Steinmännchen unmittelbar am Steilhang. Anfangs verläuft der Pfad in Nordwestrichtung, deutlich sichtbar, aber steil, dann schwenkt er auf Ostkurs und führt in weitläufig angelegten Kehren hinab. Wir passieren einige Terrassen mit kleinen Mandelbäumen und errreichen mit zittrigen Knien die Piste, die uns in wenigen Minuten zu den attraktiven Höhlenrestaurants von **Montaña de las Tierras** geleitet (3.30 Std.). Die letzten knapp 4 km laufen wir auf kaum befahrener Straße durch den Barranco, zeitweise – so bereits hinter der ersten scharfen Linkskurve – ist es möglich, Wegabschnitte neben der Straße zu benutzen. In den Bars von **Cuevas Bermejas** gönnt man sich den wohlverdienten Höhlenschnaps (4.30 Std.).

Ins wilde Bergland

Rundtour ab Los Palmitos

Eine Tour, die man nicht so schnell vergißt! Nach kurzem Aufstieg Dramatik pur: Der Blick gleitet hinab in imposante Felsschluchten, und man staunt über so viel Einsamkeit nur wenige Kilometer von den Touristenzentren entfernt.

DIE WANDERUNG IN KÜRZE

Anspruch: ++

Gehzeit: 3.30 Std.

An-/Abstieg: 450 m

Charakter: Gemütliche, kurzzeitig anstrengende Tour auf Pisten und alten Caminos Reales, während einer kurzen Passage auch weglos

Einkehrmöglichkeiten: Nobelcafé im Park- und Sporthotel Helga Masthoff

Anfahrt: Der Palmitos-Park liegt 11 km nördlich von Maspalomas, verfügt über einen großen **Parkplatz** und ist ab Südküste erreichbar mit **Bus** 45 und 70 (alle 15-30 Min.).

Vom **Palmitos-Park** führt die Straße zum Sport- und Tennishotel Helga Masthoff und endet dort an einem kleinen Wendeplatz. Über Stufen geht es zur privaten Hotelpiste hinauf, die sogleich scharf einknickt und sich über mehrere Kehren zum **Paso de los Palmitos,** dem ›Durchgang‹ zum angrenzenden Barranco de la Data, hinaufschraubt (25 Min.). An der Straße geht es sogleich links in eine Schotterpiste hinein. Diese führt am Bergrücken Lomo de los Palmitos entlang und eröffnet schöne Ausblicke auf den von Felswänden eingerahmten Stausee Ayagaures. Nach 900 m biegen wir hinter einem umzäunten, chaletartigen Haus rechts ein und schlagen einen 500 m weiten Bogen um das vor uns liegende Gehöft der Bäuerin Florianita. Dann ein paar deutsch anmutende Bauten zur Rechten, erst die ›Casa Friede‹, danach das schön bepflanzte Haus 93. Wir passieren zwei Tore im Zaun danach verengt sich die P

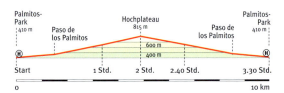

Rundtour ab Los Palmitos

ste zu einem Pfad, der rechts am Hang entlangführt, bevor er nach 250 m in den **Barrancogrund** einmündet (1 Std.).

An der von Regen ausgewaschenen Felsmulde queren wir das Bachbett und folgen einem serpentinenreichen, durch Steinmännchen markierten Pfad hangaufwärts. Nach gut 10 Min. schweißtreibenden Aufstiegs ist der Bergrücken erreicht, wieder achten wir auf Steinmännchen und gehen im Uhrzeigersinn 200 m um die rechts von uns aufscheinende Felskuppe. Wir queren ein kleines Bachbett, Steinmännchen leiten uns ein kurzes Stück den Hang hinauf. Der Weg verläuft dann parallel zum Bachbett auf dessen westlicher Seite bis zu einer Wegkreuzung (Steinmännchen), wo wir links einbiegen (1.30 Std.; auf dem rechten Weg kommen wir später zurück). Bald genießen wir nach Westen hin herrliche Ausblicke in den Barranco de Chamoriscán; auf dem gegenüberliegenden Bergkamm prangt ein riesiger Antennenschirm, links davon stehen vereinzelte Häuser. Nach 500 m queren wir ein Seitental, gehen am Westhang der Bergkette entlang und stehen nach weiteren 150 m an der ersten von zwei Erhebungen vor einem imposanten Abgrund. Geradeaus führt ein Weg steil hinab zu den Casas de Chamoriscán. Wir ignorieren ihn und folgen stattdessen einem durch Steinmännchen nun deutlich markierten Pfad rechts zum Höhenrücken hinauf und schwenken auf ihm anschließend nordwärts. Wenig später erreichen wir ein **Hochplateau**, auf dem wir auf einen deutlichen Camino Real stoßen. Links führt dieser nach Cruz Grande, wir aber halten uns rechts und laufen durch lichten Kiefernwald südwärts.

Wir schauen links hinab in den Barranco de Palmito, sehen tief unten die Felsmulde, an der der Aufstieg begann. Der Weg macht einen leichten Rechtsbogen, quert ein Talbett und bringt uns ohne Probleme zu der vom Hinweg vertrauten Kreuzung zurück (2.20 Std.). Der weitere Verlauf des Weges ist bekannt: Nach Querung des Seitentals gehen wir ein kurzes Stück aufwärts und folgen danach – fast höhehaltend – den Steinmännchen. Am Ende der schieferngespickten Ebene steigen wir steil in den **Barrancogrund** ab (2.40 Std.). Vorbei am Park- und Sporthotel Helga Masthoff, wo leckerer Kaffee und Kuchen serviert wird (3.15 Std.), geht es ohne Anstrengung zur Bushaltestelle am **Palmitos-Park** zurück (3.30 Std.).

Die Schlucht von Arguineguín

Von Cercado Espino nach Soria

In den frühen 70er Jahren erkoren Hippies Soria zu ihrem Domizil, zogen in die Höhlen und romantischen Ruinen am Seeufer. Ringsum ragen wild zerklüftete, dunkelrot gefärbte Felsriesen auf – fürwahr ein paradiesischer Ort.

DIE WANDERUNG IN KÜRZE

Anspruch: ++

Gehzeit: 6.45 Std.

An-/Abstieg: 600 m

Charakter: Einfache, aber aufgrund des zu bewältigenden Höhenunterschieds etwas anstrengende Tour auf gut ausgebauten Wegen und Pisten

Einkehrmöglichkeiten: Bars in Cercado Espino und Soria

Anfahrt: Cercado Espino liegt 11,5 km landeinwärts im Barranco de Arguineguín; mit **Bus** erreichbar bisher nur Mo–Fr 6.15 Uhr ab Arguineguín, Rückfahrt über Arguineguín bis San Agustín 18 Uhr.

Variante: In Soria besteht Anschluß an Tour 7 zum Stausee von Chira und nach Cruz Grande.

Von der Bar an der Straßengabelung in **Cercado Espino** folgen wir der einsamen Asphaltstraße in Richtung Soria. Beiderseits des Barrancogrunds erheben sich nackte Felswände, die im Verlauf der Wanderung immer steiler aufragen. Nach knapp 3 km gemächlichen Aufstiegs passieren wir die blumengeschmückten Häuser des Weilers **La Filipina,** wo Papayas, Orangen und Zitronen angebaut werden, in kleinen Mengen gedeiht sogar Wein (45 Min.).

600 m weiter biegen wir in die nach El Caidero ausgeschilderte Piste ein, die uns rasch in den Barrancogrund führt. Haushohes Schilfrohr wiegt sich im Wind, Frösche quaken aus versteckten Tümpeln. An der Kreuzung nach weiteren 600 m halten wir uns scharf rechts und folgen der Piste aufwärts. Wenig später knickt diese in der Nähe eines Hau-

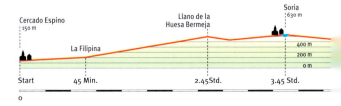

Von Cercado Espino nach Soria

ses nordwärts ein und bahnt sich ihren Weg in die schmale, steilwandige Chira-Schlucht. Erst verläuft sie rechts oberhalb des Talgrunds, später schwenkt sie auf die gegenüberliegende Seite, wo sie sich in mehreren Kehren emporschraubt. Während des Aufstiegs werden drei Gabelungen passiert: An der ersten halten wir uns rechts, an den beiden nächsten jeweils links. Nach insgesamt 7,5 km ist **Llano de la Huesa Bermeja** (2.45 Std.) erklommen, eine Ebene am Fuß des rötlich schimmernden Roque Bermejo mit ein paar bewirtschafteten Feldern und Geräteschuppen. An einem Wasserspeicher gabelt sich die Piste, wir halten uns links und gehen zu einem Gatter hinab, das zum Schutz der Tiere geschlossen bleiben soll.

Kurz vor Erreichen mehrerer leerer Häuser verlassen wir die Piste an einer Kurve auf einem rechts abknickenden, gut ausgebauten Weg (3 Std.). Er beschreibt eine weite Kehre um einen Seitenbarranco und setzt sich an der gegenüberliegenden Hangseite fort. Wo er auf Südkurs schwenkt, bietet sich ein phantastischer Blick auf die zerklüftete Gebirgswelt des Barranco de Arguineguín. Danach dreht er wieder auf Nord, hält sich parallel zur Schlucht und verläuft oberhalb eines Palmenhains. Nahebei sieht man ein paar malerische, von Vegetation überwucherte Hausruinen – sie mußten geräumt werden, als der Stausee im Jahr 1971 entstand. Der Weg führt an einem Fels vorbei aufwärts, anschließend wieder parallel zum Bar-

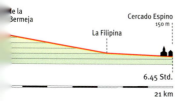

Von Cercado Espino nach Soria

Am Soria-See

rancobett. Vorbei an einem vorbildlich restaurierten alten Gehöft geht es zur gewaltigen Staumauer des Soria-Sees hinauf. Wir queren sie und gelangen über eine Asphaltpiste zur Casa Fernando, einer beliebten und immer noch preiswerten Bar im Zentrum von **Soria,** wo wir uns mit frischgepreßtem Papaya-Saft und lecker belegten Brötchen stärken (3.45 Std.). – Wer nicht den gleichen Weg zum Startpunkt der Tour (6.45 Std.) zurücklaufen will, erkundigt sich bei den Gästen nach Mitfahrmöglichkeiten.

Zu den ›Ebenen des Geiers‹

Aufstieg von Puerto de Mogán

Aus der engen Schlucht geht es hinauf in ein weites, verstepptes Tafelland. Nach Osten zu bilden sich die sanft modellierten Obertäler von Tauro und Taurito heraus, vom Mirador blickt man aufs Bergdorf Mogán und die darüber sich türmenden Zacken und Schründe.

DIE WANDERUNG IN KÜRZE

+++ Anspruch

6 Std. Gehzeit

1050 m An-/Abstieg

Charakter: Die Tour verläuft – abgesehen vom Einstieg – über breite, restaurierte Wege. Nach einem anstrengenden Abschnitt folgt ab dem Laderones-Paß eine gemütliche Passage; der steile Abstieg nach Mogán erfolgt auf einem teilweise ausgesetzten, nach Erdrutsch beschädigten Camino Real.

Einkehrmöglichkeiten/Unterkunft: Bars und Restaurants in Mogán. Unterkünfte aller Preisklassen in Puerto de Mogán

Anfahrt: El Cercado liegt 1,8 km nördlich der Tankstelle am Ortsausgang von Puerto de Mogán. Die **Buslinien** 38 und 84 verkehren regelmäßig zwischen Puerto de Mogán, El Cercado und Mogán.

Variante: Imposante Ausblicke bietet auch die Kurztour El Cercado - Los Laderones - Mogán (3.15 Std.)

Der Weiler **El Cercado** schmiegt sich an den Osthang des Barranco de Mogán und ist eine gute Adresse für Selbstversorger. Gleich am Ortsanfang erblickt man das große Gebäude der Kooperative, in dem Auberginen, Papayas, Bananen und Tomaten nicht nur verpackt, sondern auch verkauft werden. Wir folgen der Asphaltpiste bergauf und halten uns an der nächsten Gabelung links, gehen an blumengeschmückten Häusern vorbei nordwärts. Am Haus 37 führt eine Erdpiste rechts den Hang hinauf, beiderseits des Wegs breiten sich Tomatenfelder aus. An der nächsten Gabelung halten wir uns links. Wo der Fahrweg rechts einknickt und zu einem Haus am Hang hinaufführt, verlassen wir ihn und gehen geradeaus zum Beginn des Pfades, der im Barranco nach oben führt. Wir steigen durch die Parados-Schlucht aufwärts, halten uns an der Gabelung rechts und erklimmen den Bergrücken. Oben angekommen, bietet sich ein befremdliches Panorama. Steppenartige Sträucher wachsen zwischen bizarr aufgebrochenen Steinplatten, dazu eine beeindruckende Weite: Über karge, windgepeitschte Bergrücken gleitet der Blick bis hinüber aufs Meer.

Unser Weg führt rechts am **Paso de los Laderones** (2 Std.) vorbei, dem ›Durchgang‹ zum Nachbartal, über den wir beim Rückweg nach Mogán hinabsteigen. Vorbei an ei-

Aufstieg von Puerto de Mogán

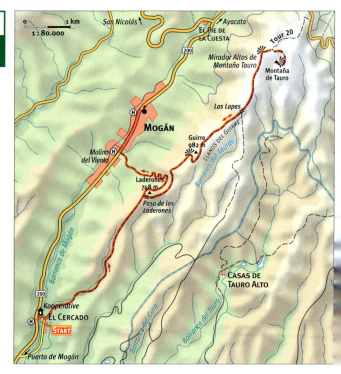

nem tollen Aussichtspunkt mit Blick auf das Tal erreichen wir die **Llanos del Guirre,** die ›Ebenen des Geiers‹. Und wer seine Augen nicht nur auf den Boden richtet, wird ihn gewiß sehen: jenen gewaltigen Greifvogel, der hier seine einsamen Kreise zieht und besonders scharf auf Kaninchen ist (2.25 Std.). Wir laufen nun stetig in Nordostrichtung, eine romantische Hausruine zur Rechten erinnert an lang zurückliegende Forstarbeiten. Später kommen wir zu einem zweiten verfallenen Haus: Es steht an der Einsattelung **Las Lapas** (2.45 Std.), wo sich mehrere Wanderwege kreuzen und der Barranco de Taurito seinen Ausgang nimmt. An de

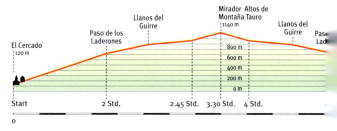

Aufstieg von Puerto de Mogán

Las Lapas

Gabelung hinter dem Haus halten wir uns links und steigen aufwärts, immer knapp unterhalb eines Bergkamms entlang. Vor uns erhebt sich der kieferngekrönte Pyramidenberg Montaña de Tauro, an dessen Sockel sich der gleichnamige Barranco herausschält. Steil führt uns der Weg zur Paßhöhe empor, wo sich unsere Route fast mit Tour 20 berührt. Gehen wir über felsiges Terrain 100 m nordwestwärts, kommen wir zum **Mirador Altos de Montaña Tauro** (3.30 Std.): Als wäre es mit einem Beil abgeschlagen, fällt das Plateau fast 1000 m in die Tiefe – der ideale Ort für eine ausgedehnte Rast. Wie Bausteine aus einem Spielzeugkasten wirken die Häuser Mogáns, und wie ein Silberband zieht sich die Straße durch den Barranco. Jenseits der Schlucht türmen sich gewaltige Felsmassive, die ostwärts in die Gebirgskette Inagua-Alsándara übergehen – Grate, Felsen und Gipfel, wohin das Auge reicht!

Wer den Berg Montaña de Tauro besteigen will, sollte dafür zusätzliche 20–30 Min. einplanen.

Der Rückweg erfolgt über die uns schon bekannte Route via **Las Lapas** (4 Std.) und die **Llanos del Guirre** (4.25 Std.). Beim **Paso de los Laderones** (4.45 Std.) biegen wir diesmal rechts ein und gelangen nach 200 m zu einem runden Steinplateau. Hier halten wir uns abermals rechts, folgen dem Camino Real längs einer mächtigen Steilwand hinab. In vielen Kehren windet sich der Weg zu Tal, passiert eine große Höhle und mannshohe Wolfsmilchgewächse. Im Talgrund mündet er in eine Erdpiste, der wir nach rechts folgen, bis sie auf eine Asphaltstraße stößt. Auf dieser gehen wir an einer umzäunten Orangenplantage vorbei und erreichen nach 400 m die GC-200 an der restaurierten Windmühle **Molino de Viento** (5.45 Std.). Ihr gegenüber ragen eine fast haushohe Kaffeemühle, eine Kanne und ein Bügeleisen auf – sie stammen von einem Karnevalsumzug und werden stolz als Skulpturen präsentiert. Wer den Abend in Mogán verbringen möchte, hält sich rechts – das Ortszentrum liegt 1 km entfernt (6 Std.).

Mirador des Südens

Von der Höhenstraße auf den Tauro

Der kurze, aber steile Aufstieg wird mit einer grandiosen Aussicht belohnt: Von den Stauseen des Inselzentrums bis zu den Dünen von Maspalomas reicht der Blick über kiefernbedeckte Täler, karge Hochebenen und gezackte Grate.

DIE WANDERUNG IN KÜRZE

Anspruch: +

Gehzeit: 2.15 Std.

An-/Abstieg: 300 m

Charakter: Trotz zeitweise starken Anstiegs eine vergleichsweise leichte und überdies kurze Tour

Einkehrmöglichkeiten: Die nächste Bar befindet sich am Stausee von Soria.

Anfahrt: Im Barranco de Arguineguín fährt man 20 km hinauf und biegt bei El Barranquillo Andrés links ab in Richtung Mogán/Ayacata **(kein Bus!)**. Die Paßhöhe ist nach 3,2 km erreicht, der Camino Real startet links davon; das **Auto** kann man in der Parkausbuchtung 100 m weiter abstellen, wo von rechts ein Wanderweg vom Stausee Cueva de las Niñas heraufkommt.

Am **Tauro-Paß** startet auf der Südseite der Straße ein restaurierter Königsweg, erkennbar an der neu erbauten Aufstiegsrampe. Er ist auf der gesamten Tour in sehr gutem Zustand, so daß genug Kraft bleibt, die im Frühjahr aufblühende Pflanzenwelt zu bewundern: Natternköpfe, Ginster und Lavendel tauchen die Hänge in leuchtende Farben – Gelb, Weiß und Violett. Zur Linken ragt von Anbeginn der kieferngekrönte Kamm der Montaña de Tauro auf, mit 1214 m höchster Berg weit und breit.

Später, an einer Felskuppe, auf der es sich sehr gut rasten läßt, reicht der Blick erstmals übers Mogán-Tal hinweg auf die Gebirgsfestung des Inagua. Nach einer gemütlichen Passage wird der Weg steiler und schraubt sich in weiten Kehren hangaufwärts. So manch ein Wanderer verspürt jetzt Lust, sich im Schatten der Kiefern auszuruhen – doch die Beine werden es ihm später danken, wenn er ohne Pause weiterläuft. Nach einem kurzen höhehaltenden Abschnitt setzen sich die Kehren fort. Kurz bevor der Weg die Hochebene Altos de Montaña Tauro erreicht, über die man südwestwärts nach Mogán gelangt (s. Tour 19), folgen wir dem links abzweigenden

Von der Höhenstraße auf den Tauro

Pfad, der in weitem Bogen auf das Gipfelplateau des **Montaña de Tauro** führt (1.15 Std.). Grandios ist der Ausblick über das Schluchtensystem des Südens und Westens, im Norden und Osten liegen uns die Stauseen von Cueva de las Niñas und Soria zu Füßen. Über den gleichen Weg kehren wir zum Ausgangspunkt zurück (2.15 Std.).

Ausblick vom Tauro-Berg

Endstation Sehnsucht

Tour 21

Zur Playa de Güigüí

Ein Naturparadies par excellence: Im Schutz 1000 m hoher Berge liegen zwei Strände, die nur zu Fuß oder per Boot erreichbar sind. Den eher dunklen Sand verleibt sich die winterliche Meeresströmung ein, erst im Sommer spült sie ihn wieder an die Küste.

DIE WANDERUNG IN KÜRZE

Anspruch: ++

Gehzeit: 5.15 Std.

An-/Abstieg: 900 m

Charakter: Eine aufgrund des zu bewältigenden Höhenunterschieds anstrengende Tour, die man nicht zu spät beginnen sollte

Einkehrmöglichkeiten: In Tasartico gibt es eine Bar, die Einrichtung eines Lokals in Güigüí ist bisher nur geplant.

Anfahrt: Mit **Bus** 38 kommt man lediglich bis zur Paßhöhe La Aldea an der Straße Mogán–San Nicolás. **Autofahrer** können 8 km bis zum Weiler Tasartico hinabfahren und ihr Fahrzeug dort abstellen.

Tasartico ist ein kleiner Weiler, der sich an die Nordflanke des gleichnamigen Barrancos schmiegt. Die wenigen Bewohner leben von Obst- und Gemüseanbau, einige halten Schafe und Ziegen. Von der Kirche des Dorfes folgen wir der Piste 900 m bergab; unmittelbar hinter einem **Gewächshaus** rechts von der Piste (10 Min.) verlassen wir sie auf einem schmalen, rechts abzweigenden Pfad. Dieser schlängelt sich dicht an der Bergflanke entlang, nach gut 15 Min. führt er ins Trockenbett der Cañada de Aguas Sabinas und wechselt auf die linke Barrancoseite über. Nun beginnt der beschwerliche Aufstieg zum Paß, einem deutlich sichtbaren Einschnitt zwischen dem Doppelgipfel Aguas

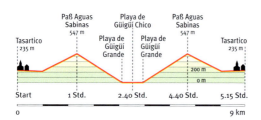

Zur Playa de Güigüí

Sabinas/Cebuche. In vielen Kehren schraubt sich der teils steingepflasterte, teils mit Geröll bedeckte Pfad empor, weit und breit kein Baum, der Schatten spenden könnte. Wir passieren ein weißes Steinkreuz, auf dem mit bitteren Worten eines Kindes gedacht wird, das an dieser Stelle vor Erschöpfung zusammenbrach und starb. Wenig später ist die Paßhöhe **Aguas Sabinas** erklommen (1 Std.): ein grandioser Ort, der für die Mühen des Aufstiegs entschädigt und ideal ist für eine Verschnaufpause. Lotrecht aufragende Felswände bilden einen Halbkreis um ein zerklüftetes Tal, in der Ferne schimmert das Meer in intensiven Blautönen. Man glaubt fast das Dröhnen der Brandung zu hören, doch die Küste ist noch weit entfernt …

Über 300 m ist man aufgestiegen, nun geht es über 500 m bergab. Anfangs verläuft der gut ausgebaute Weg fast höhehaltend am Nordosthang des Aguas Sabinas entlang, dann senkt er sich in scharfem Zickzack in den Talgrund. Nach gut 30minütigem Abstieg wechselt er auf die rechte Barrancoseite, wo er uns zu einer einzelnstehenden Finca führt. Auf den Feldern wachsen Kartoffeln, Zucker und Bananen, die Señor Antonio, der früher in San Nicolás gelebt hat, anbaut; Ziegen und Schafe spenden ihm Milch. Der Weg führt rechts um das Gehöft herum, dann links an dem mit Schilfrohr überwucherten Barrancobett entlang; nach Querung des Talbetts wird ein weiteres Haus passiert. 5 Min. später ist El Puerto erreicht: Ein paar Ruinen und Reste einer Mole sind die einzige Erinnerung an die Bauern, die bis zu den 40er Jahren hier ihre Ernte verschifften. Außer-

An der Paßhöhe Aguas Sabinas

dem lebten Fischer, Hirten und Köhler im Tal – erst mit dem spektakulären Tomatenaufschwung in La Aldea haben sie Güigüí verlassen, die Enge des Tals gegen die Zivilisation eingetauscht.

Zur Rechten erblickt man die **Playa de Güigüí Grande,** einen schmalen, 350 m langen Strand am Fuß zerklüfteter Klippen (2.30 Std.). Bei Ebbe kann man rechts um eine Felsnase herum zur **Playa Güigüí Chico** weitergehen (2.40 Std.) – doch Vorsicht: bei Flut wird der Rückweg abgeschnitten!

So wird man reich

Das abgelegene Güigüí war in den letzten Jahrzehnten Objekt regen Tauschs und Verkaufs. So veräußerte die kanarische Bank Caja Insular de Ahorros 1988 20 ha des wertlosen, sprich: nicht zur Bebauung freigegebenen Landes zum Spottpreis von 40 Mio. Peseten an den Schweizer Helmut Rahms. Zehn Jahre später forderte der Geschäftsmann die fünffache Summe: »Ein gerechter Preis«, kommentierten Vertreter der kaufinteressierten Inselregierung, »wenn man die allgemeine Steigerung des kanarischen Bodenpreises bedenkt.«

Zu Eidechse und Rebhuhn

Von der Paßhöhe La Aldea um den Inagua

Der sonnendurchflirrte Kiefernwald auf einer über 1000 m hohen Felsfestung wurde zum Naturreservat erklärt. Rascheln im Unterholz kündigt die bis zu 70 cm große, ungefährliche Rieseneidechse an – vielleicht aber auch das nur hier anzutreffende Rote Rebhuhn!

DIE WANDERUNG IN KÜRZE

Anspruch: ++

Gehzeit: 5 Std.

An-/Abstieg: 550 m

Charakter: Steiler Auf- und Abstieg, nur für Schwindelfreie; ansonsten aber eine durchweg leichte Wanderung durch Kiefernwald

Einkehrmöglichkeiten/Unterkunft: In der Bar an der Paßhöhe La Aldea werden frischgepreßte Säfte, Früchtekuchen und Trockenobst verkauft. Mineralwasser gibt es kostenlos – ein Service für Wanderer und Radfahrer von Barbesitzer Johannes. Die nächsten Unterkünfte befinden sich in San Nicolás.

Anfahrt: Startpunkt ist die Paßhöhe (La Aldea) 8 km südlich von San Nicolás an der Straße nach Mogán. Direkt erreichbar mit **Bus 38**, **Autofahrer** stellen ihr Fahrzeug auf dem Parkplateau ab.

Die Tour startet an der **Paßhöhe La Aldea**. Gegenüber der Bar befindet sich eine Bushaltestelle, wo ein deutlich sichtbarer Pfad hangaufwärts führt. Rechts unter uns sehen wir die nach Mogán führende Straße, bald auch schauen wir links hinab auf das Asphaltband in Richtung San Nicolás. Wenn sich der Weg nach 15 Min. gabelt, halten wir uns links. Wir laufen auf einem *andén*, einem mal breiten, mal schmalen Vorsprung am Fuß lotrecht aufragender Felswände. Zweimal stoßen wir auf Hindernisse: Beim ersten Mal gilt es, über abgestürzte Felsbrocken zu klettern; 10 Min. später, wo sich der Weg auf dem Fels zu verlieren scheint, halten wir uns dicht an der Steilwand, wo sich der Weg rasch wieder herausbildet. Kurz darauf schwenkt er nach rechts und führt uns über einen malerischen, kiefernbestandenen Hang steil aufwärts. Über glattgewaschenes Gestein geht es zur Hochebene **El Laurelillo** hinauf, ein wunderbares Plätzchen für eine erste Rast (1 Std.). Uns zu Füßen liegt das weite Tal von San Nicolás, abgeschirmt vom Meer durch eine Kette gezackter Kämme.

Nun geht es südwärts weiter, dicht an der Abbruchkante entlang. Vor uns breitet sich lichter Kiefernwald aus, der zum pyramidenförmigen Inagua ansteigt. Aus der Felsebene tritt deutlich sichtbar der Weg hervor, ein kleines Schild zeigt an: »Reserva Natural Integral Inagua« (›Naturschutzgebiet Inagua‹). Nach gut 15 Min. ignorieren wir einen schmalen, rechts abzweigenden und

Von der Paßhöhe La Aldea um den Inagua

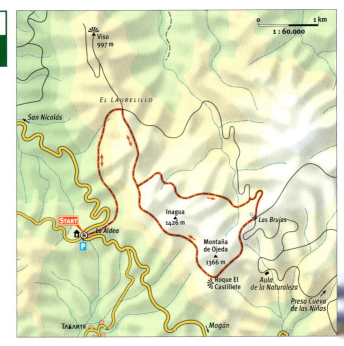

durch Steinmännchen markierten Pfad, folgen statt dessen dem breiten Weg in weiten Kehren aufwärts. An der **Gabelung** (1.30 Std.) beginnt die Runde um den Inagua, wir halten uns hier links und spazieren ohne große Höhenschwankungen auf weichem, mit Kiefernnadeln bedecktem Boden. Zur Linken eröffnen sich Ausblicke auf den Barranco von San Nicolás, in weiter Ferne die Bergwelt des Inselzentrums. Nach knapp 45 Min. stoßen wir auf eine **Piste** (2.15 Std.), die uns in vielen Serpentinen hinaufführt zum **Paß Las Brujas,** einer weitläufigen Einsattelung, an der sich mehrere Pisten und Wege kreuzen (2.45 Std.).

Wer sich mit Frischwasser versorgen möchte, findet eine Quelle samt Picknickbank und -tisch am Ende des 300 m langen, nordwestwärts weisenden Pfads. Der westliche Weg führt zum Gipfel des Inagua hinauf, mit dem südwestwärts abzweigenden Weg setzt sich unsere Umrun

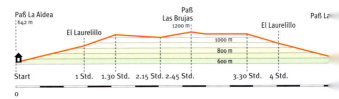

dung des Inagua fort. Nach 15 Min. erreichen wir den Fels **El Castillete** mit Antennenstation (3 Std.), zur Rechten eröffnet sich ein phantastischer Ausblick auf den Barranco de Tasarte, in der Ferne schimmert das Meer. Unser Weg schwenkt rechts ein und schlängelt sich an der Abbruchkante des Inagua entlang: Felswände fallen 600 m senkrecht ab zur unter uns liegenden Autostraße, im Hintergrund ragen die gezackten Kämme des Güigüí-Massivs auf. Nach gut 30 Min. dreht der Weg auf Nordkurs (man kann hier auch eine steile, geradeaus weisende Abkürzung nehmen), 150 m weiter ist die **Gabelung** erreicht, an der die Umrundung des Inagua ihren Ausgang nahm (3.30 Std.).

Wir biegen in den scharf links abzweigenden Weg ein und stoßen nach knapp 30 Min. auf die Felsebene **El Laurelillo** (4 Std.), wo über die uns bereits vom Hinweg bekannte steile Felsscharte der Abstieg zur **Paßhöhe La Aldea** (5 Std.) beginnt.

Auf der Hochebene El Laurelillo

Himmlische Stille im Pinar

Von El Juncal durch den Kiefernwald von Pajonales

Duftender Kiefernwald und weich federnder Boden – ein Naturschutzgebiet, in dem nicht gejagt, geweidet und gerodet werden darf. Der Weg ist wie geschaffen, die Seele baumeln zu lassen und sich über Gipfel und Höhen hinwegzuträumen.

DIE WANDERUNG IN KÜRZE

Anspruch: +

Gehzeit: 3.30 Std.

An-/Abstieg: 300 m

Charakter: Bequeme, aussichtsreiche Wanderung auf Erdpiste und Weg

Einkehrmöglichkeiten/Unterkunft: Die nächste Bar befindet sich in Ayacata, die nächsten Unterkünfte in Tejeda.

Anfahrt: Von der **Bushaltestelle** (Linie 18) an der Kreuzung am Aserrador (GC-60) sind es auf Straße 3,5 km bis El Juncal. **Autos** können nahe der Kirche problemlos abgestellt werden.

Trotz seiner großartigen Lage am Rande einer Schlucht und der schönen, traditionell geprägten Architektur ist die Einwohnerzahl des Ortes El Juncal rückläufig. Zuletzt waren nur noch zwölf Frauen und Männer im Gemeindeamt gemeldet, einige verdienen ihr Brot mit Schafen und Ziegen, andere sind in der Försterei beschäftigt.

Gegenüber der Dorfkirche von **El Juncal** folgen wir der Asphaltpiste in den Barrancogrund. Sie geht in einen erdigen Fahrweg über und führt anschließend durch lichten Kiefernwald bergauf. Je höher wir steigen, desto schöner ist die Aussicht: El Juncal schmiegt sich an die terrassierten Bergflanken, über dem Ort krallen sich die weißen Höhlenhäuser des Weilers Ronda in das rötliche Felsgestein. Eine tiefeingeschnittene, U-förmige Schlucht eröffnet kurzzeitig den Blick in den Barranco de Siberio und die am Horizont verschwimmende Gebirgsstaffel des Westens.

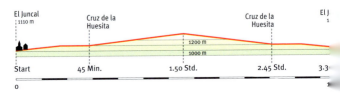

Von El Juncal durch den Kiefernwald von Pajonales

Nach mehreren weiten Kehren kündigt ein Schild den Beginn des Naturschutzgebiets Inagua an. Wenig später passieren wir das hübsche, weißgetünchte Forsthaus **Casa Forestal de Pajonales** (30 Min.), in dem ein junger Mann mit seinem (angeleinten) Hund ein Eremitendasein fristet. Danach schwenkt die Piste auf Südwest und führt am Fuße des schroffen, 1434 m hohen Pajonales zur Kreuzung **Cruz de la Huesita** (45 Min.), wo sich wichtige Pisten und Wege schneiden. Von links mündet der vom Aserrador kommende Pfad ein und setzt sich über eine Steinrampe zum Stausee Cueva de las Niñas fort (s. Tour 7). Der geradeaus weisende Fahrweg führt gleichfalls zum See, wir dagegen biegen in die Piste zur Rechten ein, wo schon nach 50 m eine Kette ›Durchfahrt verboten‹ signalisiert – nur Forstfahrzeuge dürfen das Naturschutzgebiet passieren. Nach 100 m verlassen wir die Piste auf einem links abzweigenden, aufwärts-führenden Weg und ersteigen über Nadelgrund den Osthang des Morro de la Negra, einen schwarzen, kiefergespickten Pyramidenberg von 1480 m Höhe. Der Weg ist bequem und eindeutig – unbeschwert kann man sich auf die ruhige, weite Landschaft konzentrieren. Zur Linken sieht man die Täler des zentralen Hochplateaus, zur Rechten hoch aufragende Bergrücken mit kleinen Weilern. Dazu eine fast vollkommene Stille, mittags ist nicht einmal Vogelgezwitscher zu vernehmen. In weitem Bogen führt der Weg am Südhang des Morro de la Negra entlang und eröffnet einen Ausblick auf die spiegelglatte, von Kiefern eingerahmte Oberfläche des Stausees Presa Cueva de las Niñas.

Wir kommen zu einer Einsattelung, passieren den Berg Carnicería an seiner rechten Hangseite und erreichen schließlich eine Weggabelung vor dem 1583 m hohen **Alsándara** (1.30 Std.). Links geht es zur Forstschule Aula de la Naturaleza,

Von El Juncal durch den Kiefernwald von Pajonales

Am Fuße des Pajonales

wir halten uns rechts und gehen im Halbkreis um den Alsándara herum. Dessen Name (›Wasserminze‹) stammt noch aus jener Zeit, als sprudelnde Quellen eine reiche Flora hervortrieben. Heute beschränkt sich die Vegetation auf Kiefern und Wacholder, im Unterholz dominieren Ginster und Zistrose. Wenige Minuten später geht es über flechtenbewachsene Felsstufen weiter hinauf, Regen und Wind haben bizarre Höhlen ins Gestein getrieben. Bald reicht das Panorama vom Altavista im Nordwesten bis zur Montaña de Tauro im Südwesten; hinter uns bleiben die Vulkankegel des Pajonales und des Morro de la Negra zurück, deren zerklüftetes Gestein immer wieder zwischen den grünen Kiefern aufblitzt.

Der Weg mündet in eine vom Paß Las Brujas kommende **Piste,** der wir nach rechts hinab folgen (1.50 Std.). In weiten, aussichtsreichen Kehren lassen wir uns vorbei an prachtvollen alten Kiefern zur Kreuzung **Cruz de la Huesita** zurücktreiben (2.45 Std.). Über die uns vom Hinweg bekannte Piste geht es über das Forsthaus **Casa Forestal de Pajonales** (3 Std.) zum Ort **El Juncal,** dem Ausgangspunkt der Tour, zurück (3.30 Std.).

Zum Höhlendorf Artenara

Panoramaweg von Cruz de Tejeda über den Moriscos
Ein Klassiker unter den Königspfaden, eine Wanderung zu beiden Seiten der Wetterscheide! Blickt man anfangs auf das Wolkenspektakel des Nordostens, so später auf die von der Sonne verwöhnte Bergwelt des Südwestens.

DIE WANDERUNG IN KÜRZE

Anspruch: +

Gehzeit: 6 Std.

An-/Abstieg: 750 m

Charakter: Einfache und gefahrlose Wanderung; nach anfangs etwas beschwerlichem Aufstieg geht es gemütlich auf Königsweg und Waldpiste weiter.

Einkehrmöglichkeiten/Unterkunft: Die schönsten Bars und Restaurants findet man in Artenara. Preiswerte Unterkünfte gibt es im Bergdorf Tejeda und ein Hotel in Cruz de Tejeda.

Anfahrt: Der Start- und Endpunkt Cruz de Tejeda ist mit **Auto** von allen Himmelsrichtungen gut zu erreichen. Täglich mehrere **Busverbindungen** gibt es von Las Palmas, Santa Brígida und Tejeda (Linie 305).

Variante: Die Gehzeit verkürzt sich um knapp 1 Std., wenn man den steilen Anstieg zu Beginn der Tour ausläßt und das Auto am Paß Las Palomas parkt (Straße Cruz de Tejeda–Pinos de Gáldar, km 4).

Viele Inselstraßen kreuzen sich am **Cruz de Tejeda,** der wichtigsten Paßhöhe Gran Canarias. Ein steinernes Kreuz mit einem archaischen Christus markiert den Übergang. Auf der nordwärts nach Pinos de Gáldar führenden Straße erreicht man nach 200 m ein großes rundes **Parkplateau.** Der am Elektrizitätsturm aufsteigende Pfad führt nach Teror (s. Tour 33), wir aber starten 30 m weiter links, wo eine Tafel das Naturschutzgebiet »Parque Rural El Nublo« anzeigt und eine Piste in Nordwestrichtung aufwärts führt. Sie endet nach 5 Min. an einem Wasserspeicher; wir gehen links an ihm vorbei, ein breiter Weg geleitet uns jetzt zu einem Waldstück mit Kiefern. Die nächste Etappe ist die anstrengendste der gesamten Tour. Steil geht es die Südflanke des Monte Constantino hinauf, dann flacht der Weg ab, führt links am Berg vorbei und passiert schwarze, dramatisch aufragende Felsblöcke. Dicht führt er uns am Steilhang entlang und eröffnet atemberaubende Aussichten in die Tiefe der Caldera.

Nach 30 Min. berühren wir die nach Pinos de Gáldar führende Straße an einem überdachten Aus-

Panoramaweg von Cruz de Tejeda über den Moriscos nach Artenara

Der Weg zum Paß Las Palomas ist steil

sichtspunkt, der Paßhöhe **Las Palomas:** ein letzter Blick auf die unter uns liegenden Häuser von Tejeda im Schatten des Roque Bentayga, dann steigen wir über einen breiten, anfangs steingepflasterten Weg in den Kiefernwald hinauf. Der Weg quert eine Lichtung und geht in eine Forstpiste über, an der Gabelung 5 Min. später halten wir uns links (45 Min.). Wir befinden uns jetzt auf Westkurs, ignorieren nach 500 m rechts die **Abzweigung nach Pinos de Gáldar** (50 Min.), über die man weiter nach Guía (s. Tour 29) bzw. Fontanales (s. Tour 30) laufen kann. Nach nur 150 Metern bietet sich die Möglichkeit, auf einem Feldweg scharf links zum Gipfel des 1771 m hohen **Moriscos** hinaufzusteigen, vom Wachtturm hat man einen Ausblick auf das zentrale Bergmassiv und die Nachbarinsel Teneriffa (1.15 Std.). Wieder zurück an der Kreuzung, hält man sich links und passiert nach nur wenigen Metern das Cruz de los Moriscos, ein Steinkreuz aus dem Jahr 1913. Bis zum nächsten Barrancobett, wo die Piste auf Westkurs schwenkt, geht es zügig bergab, danach führt die Piste fast höhehaltend weiter. Große Felsen am Wegesrand kündigen die **Cuevas del Caballero** (›Höhlen des Herrn‹) an, Reste eines prähispanischen Höhlendorfes in dramatischer Lage am Steilhang (1.40 Std.). 500 m stürzen die Felsen fast lotrecht in die Tiefe, auf dem gegenüberliegenden Bergkamm erhebt sich der Roque Bentayga. Weit und schroff ist die Landschaft, einsam und wild. Die Höhlen selbst – 12 an der Zahl – waren laut Legende von Frauen bewohnt, die dort ihren Hexenkünsten nachgingen. Sie sind nur über einen ausgesetzten Pfad erreichbar, der

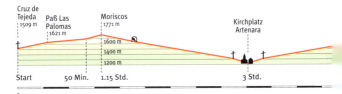

Panoramaweg von Cruz de Tejeda über den Moriscos nach Artenara

Zugang zu ihnen ist durch Gitter versperrt.

Wieder auf der Piste spazieren wir weiter, lassen nach gut 30 Min. eine rechts abzweigende Piste zum Dorf Las Arbejas unbeachtet. Kurz darauf eine neue Gabelung: Der linke Weg führt auf den Gipfel des Montaña de Artenara (hin und zurück 30 Min. extra), wir gehen geradeaus, verlassen aber die Piste wenig später auf einem rechts abzweigenden Pfad, eine weite Kehre abkürzenden Pfad. Danach bleiben wir noch einmal 150 m auf der Piste, um rechts auf einem erneuerten Königspfad hinabzulaufen. Nach weiteren gut 5 Min. erreichen wir die Paßhöhe **Cruz de Toríl**, ein kleines Plateau unterhalb eines Kreuzes. Links ein in Fels geschlagener Durchgang, rechts zwei Pisten; wir gehen auf Betonpiste geradeaus aufwärts und steigen über Steinstufen in den ältesten Teil von **Artenara** hinab. Wir passieren die kleine, in rötlichen Fels geschlagene Kapelle der Höhlenjungfrau La Cuevita und haben es dann noch 400 m bis zum Ortszentrum mit **Kirchplatz,**

Panoramaweg von Cruz de Tejeda über den Moriscos nach Artenara

Bars und Höhlenrestaurant (3 Std.).

Beim Rückweg von Artenara nach Cruz de Tejeda (6 Std.) entfällt zwar der Aufstieg auf den Moriscos, doch dafür geht es längere Zeit bergauf, weshalb sich die Gehzeit gegenüber dem Hinweg kaum vermindert.

Hinweis: Von Artenara fährt kein Bus nach Cruz de Tejeda. Doch besteht die Möglichkeit, mit der zwei- bis dreimal täglich verkehrenden Linie 220 in Richtung Las Palmas zu fahren und an der Straßengabelung Cuevas de Corcho auszusteigen; von dort erreicht man auf einem Camino Real in nur 1 Std. Cruz de Tejeda (s. Tour 33): Der Weg führt in südwärtiger Richtung bergauf, quert eine Asphaltsraße und schlägt dann einen Bogen um den unter uns liegenden Talkessel; er endet am Parkplatz des Paradors.

Leben in Höhlen

»Im Sommer frisch und wärmend im Winter«, schrieb der Chronist Bernáldez, als er im 16. Jh. die Höhlen in Artenara besuchte. Die im Lavafluß erstarrten, von Erosion freigelegten Luftblasen boten den Altkanariern Schutz, dienten ihnen als Wohnung, Kult- und Grabesstätte. Lange galten die Höhlen als Behausung der Armen, heute werden sie im Rahmen des Turismo Rural aufgewertet. In Artenara (berberisch: ›zwischen Bergen versteckt‹) kann man mehrere Höhlenhäuser kennenlernen: die in den Fels geschlagene Kapelle Cuevita de la Virgen, das durch einen Tunnel erreichbare Restaurant La Silla und den Kunsthandwerksladen neben der zentralen Bushaltestelle.

Altkanarische Trutzburg

Rund um den Tafelberg Acusa

Wie ein Tablett, das auf einem gigantischen, steilwandigen Sockel ruht, präsentiert sich die Hochebene von Acusa. Rings um den Tafelberg jähe Schluchten und zerrissene Bergkämme, in seinen Flanken Höhlenhäuser mit kalkweißen Fassaden.

DIE WANDERUNG IN KÜRZE

++ Anspruch

5.30 Std. Gehzeit

700 m An-/Abstieg

Charakter: Abwechslungsreiche, aber auch anstrengende Tour; bei schlechtem Wetter ist im Abschnitt Acusa Seca–Acusa Verde aufgrund von Steinschlaggefahr äußerste Vorsicht geboten.

Einkehrmöglichkeiten/Unterkunft: Restaurants in Artenara, Höhlenbar in Acusa Verde

Anfahrt: Das Gebirgsdorf Artenara liegt im Zentrum der Insel, 8 km nordwestlich von Tejeda. Mehrmals täglich mit **Bus** 220 (ab Las Palmas via Teror und Cuevas de Corcho) erreichbar, gut **parken** kann man auf dem Platz vor der Ortskirche.

Vom **Kirchplatz Artenara** folgen wir der zum Tamadaba führenden Straße und biegen nach 400 m an einer wenig übersichtlichen **Kreuzung** in die steil aufwärts weisende Straße ein. Nach 600 m verlassen wir sie auf einer links abzweigenden Erdpiste; diese geleitet uns oberhalb des schmucken Dorffriedhofs zu einer Gabelung am Aussichtspunkt **Morro de los Cuervos** (›Berg der Raben‹, 30 Min.). Zerklüftete Bergkämme umrahmen die Caldera, wie ein Ausrufezeichen – nur überragt vom fernen Roque Nublo – schnellt der Fels des Roque Bentayga in die Höhe.

Wir ignorieren die halbrechts abweigende Piste, über die Wanderer mit Tour 27 zurückkommen, folgen statt dessen dem schmalen, halblinks startenden Weg, der sich am Südhang des Morro hinabwindet. Zwischen den Zweigen junger Kiefern blicken wir in die Schlucht hinab, sehen bald schon die weißen Häuser Acusas auf der weitläufigen Hochfläche. Unser Weg kreuzt eine Piste und führt anschließend über eine vom Regen glattgewaschene Felsfläche. 15 Min. später gehen wir links im Halbkreis um ein einzelnstehendes Gehöft und stoßen auf die nach San Nicolás führende Straße. Wir folgen ihr nach links und verlassen sie nach 350 m am Kreuz **Cruz de Acusa Seca** auf einer links abzweigenden Asphaltpiste (1.20 Std.). Diese schraubt sich in mehreren Kehren 1,2 km hinab und endet vor dem Höhlendorf **Acusa Seca** (›Trockenes Acusa‹, 1.40 Std.).

Unter einem weit vorspringenden Felsdach sind Höhlen ins Gestein geschlagen. Ihre weiß getünchten

Rund um den Tafelberg Acusa

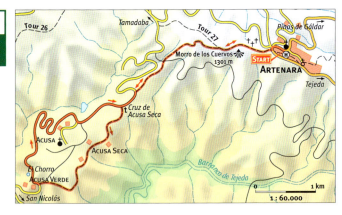

Türen sind der einzige Farbfleck inmitten einer kargen, von Ocker- und Brauntönen beherrschten Landschaft. Die Häuser sind heute meist nur am Wochenende bewohnt; Familien aus Las Palmas kehren zum Ort ihrer Vorfahren zurück und entdecken den Reiz des einfachen Lebens. Prähispanische Getreidespeicher erblickt man westlich der Siedlung; Tumulusgräber und Mumien, die hier vor wenigen Jahren entdeckt wurden, sind im Museo Canario in der Hauptstadt Las Palmas ausgestellt.

Über einen bequemen Weg gehen wir an den Höhlenhäusern vorbei und halten uns dabei dicht an der Steilwand. Gut 30 Min. hinter dem Dorf schwenkt der Weg um eine Felsnase herum, eröffnet nun Ausblick auf eine bizarre Schlucht, die sich tief ins Gebirge gefräst hat. Wären nicht die grünen Terrassenfelder, Orangenbäume und Dattelpalmen, glaubte man sich in einen Grand Canyon versetzt. Wenig später stoßen wir auf eine Piste, die uns in 500 Metern zur Straße bringt. Wir biegen rechts ein und erreichen die ersten Häuser von **Acusa Verde** (›Grünes Acusa‹), das den kieferngekrönten Hängen des Altavista zugewandt ist. Auch hier ducken sich die Höhlen unter einer gewaltigen Steilwand, sie sind blumenumrankt und von Maisgirlanden geschmückt; nahegelegene Orangen- und Zitronenhaine künden von Wasservorkommen (2.45 Std.).

Über die wenig befahrene Straße steigen wir an einem kleinen, grünen

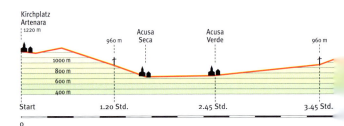

Rund um den Tafelberg Acusa

Miguel de Unamuno und die Hochebene von Acusa

Stausee vorbei nach Acusa hinauf, jenem Dorf auf der Hochebene, das wir schon beim Abstieg sehen konnten. 800 m weiter passieren wir das Kreuz **Cruz de Acusa Seca** (3.45 Std.) und befinden uns nun wieder auf der uns bereits vom Hinweg bekannten Strecke, über die wir nach **Artenara** zurückkehren (5.30 Std.).

El Chorro

So heißt die kleine Quelle direkt an der Durchgangsstraße von Acusa Verde, wo sich die Bewohner des Ortes, aber natürlich auch die des Weges ziehenden Wanderer mit bestem Trinkwasser versorgen. Nicht so leicht zu finden ist eine zugehörige, angenehm feucht-dunkle Höhle. Auf der gegenüberliegenden Straßenseite führen Stufen zu ihr hinab, tröpfchenweise sickert das Wasser durch schwarzes Felsgestein. Nach der Quelle ist auch die einzige Bar des Dorfes benannt, in der Señora Candelaria eingelegtes Ziegenfleisch und frisch gepreßten Papayasaft serviert.

Auf den Altavista

Tour 26

Von der Finca Tirma zum imposanten Aussichtsberg
Der schmale Kamm des Altavista trennt sich vom Tamadaba-Massiv und schirmt das Tejeda-Tal nach Westen hin ab. Schon während des Aufstiegs eröffnen sich grandiose Ausblicke in das Schluchtennetz des Zentrums und in die wilden Canyons des Westens.

DIE WANDERUNG IN KÜRZE

Anspruch: +

Gehzeit: 3.30 Std.

An-/Abstieg: 300 m

Charakter: In stetem Auf und Ab führt der Weg entlang eines bewaldeten Kamms; über weite Strecken verläuft er auf gleicher Höhe, so daß genügend Muße bleibt, sich auf die atemberaubende Landschaft zu konzentrieren.

Einkehrmöglichkeiten/Unterkunft: Nächste Bar und Unterkunft in Artenara

Anfahrt: Bus 220 verkehrt mehrmals täglich zwischen Las Palmas und Artenara, doch nur während der Sommermonate wird der Service bis zum Tamadaba ausgedehnt. Die Wanderung startet an der Finca Tirma links der Straße Artenara–Tamadaba (km 7), **Autos** können abgestellt werden.

Den Wachhund der **Finca Tirma** brauchen wir nicht zu fürchten – nur wer die Schranke passieren will, um auf der breiten Piste zur Westküste zu marschieren, weckt seinen Zorn. Wir aber folgen dem ostwärts weisenden, von Seitenmäuerchen gesäumten Weg, der uns parallel zur Straße an einem Bergkamm entlang aufwärts führt.

Nach 20 Min. erreichen wir eine Gabelung und schwenken rechts in einen breiten Weg. Wenige Minuten später kommen wir am schlichten Marienholzkreuz **Cruz de María** vorbei und gehen in Südwestrichtung durch schütteren Kiefernwald aufwärts.

Im Herbst und Winter entdecken Pilzkenner in diesem Gebiet Edelreizker und Maronen, manchmal auch wohlschmeckende Pfifferlinge. Doch meist kommen die Augen nicht dazu, nach unten zu schauen – zu schön ist der Blick, der sich rechts hinüber nach Teneriffa auftut. Be-

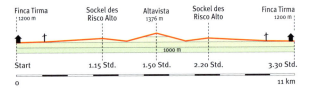

Von der Finca Tirma zum imposanten Aussichtsberg Altavista

guter Sicht scheint der Teide zum Greifen nahe – 3718 m hoch und der höchste Berg Spaniens!

In der Folge wechselt der Weg mehrmals von der östlichen zur westlichen Hangseite, gibt den Blick auf die Hochebene von Acusa, dann wieder auf die Hänge des Tamadaba frei. Wir passieren den Risco Alto, den 1304 m aufragenden ›Hohen Felsen‹ (1.15 Std.) und lassen uns langsam hinabtragen zu einem freieren Wegstück, an dem man gut rasten kann: der **Einsattelung am Altavista** (1.30 Std.).

Danach geht es noch einmal aufwärts und man kommt nach 5 Min. zu einer wichtigen Gabelung. Rechts führt ein Camino Real in gut 4 Std. nach San Nicolás (anfangs schön, später unattraktiv), geradeaus führt ein 600 m langer Weg den Hang des **Altavista** hinauf. Der schweißtreibende Aufstieg wird von einer herrlichen Aussicht gekrönt (1.50 Std.): Im Osten sehen wir noch einmal die von scharfkantigen Bergkämmen umzingelte Hochebene Acusa, im Süden das in Fels gekerbte Dorf El Carrizal und im Westen schroffe, zum Meer hin abbrechende Hänge. – Auf gleichem Weg kehren wir zum Ausgangspunkt zurück (3.30 Std.).

Picknick am Fuße des Altavista

Terrassenfelder und Kiefernwald

Rundwanderung ab Artenara

Über almenähnliche Hänge geht es nach Lugarejos hinab, einem Weiler am Ufer des Sees, wo noch Keramiktradition gepflegt wird. Der Aufstieg erfolgt über den Tamadaba, dessen Bäume die Feuchtigkeit aus den Wolken ›kämmen‹.

DIE WANDERUNG IN KÜRZE

++ Anspruch

6.15 Std. Gehzeit

700 m An-/Abstieg

Charakter: Abwechslungsreiche Tour in den Nordwesten der Insel, aufgrund der Länge und des Höhenunterschieds etwas anstrengend, aber nie gefährlich

Einkehrmöglichkeiten/Unterkunft: Restaurants in Artenara, eine Bar im Dorfladen von Lugarejos

Anfahrt: Das Dorf Artenara liegt im Zentrum der Insel, 8 km nordwestlich von Tejeda. Mehrmals täglich mit **Bus** 220 (ab Las Palmas via Teror und Cuevas de Corcho) erreichbar, gut **parken** kann man auf dem Platz vor der Ortskirche.

Vom **Kirchplatz Artenara** geht man am Kunsthandwerkszentrum vorbei in Richtung Tamadaba. 250 m hinter der Tankstelle folgen wir rechts einer abschüssigen Betonpiste. Nach 850 m schwenkt sie in einer Rechtskurve auf Nordost, 1 Min. später verlassen wir sie auf einem scharf links abzweigenden Weg, der sich verengt und zu einer Schlucht hinabführt. Diese quert man auf dem rechts eines Wasserrohrs verlaufenden Pfad. Mannshohes Bambusrohr kündet von einer nahen Quelle, vom Tamadaba weht würziger Kieferngeruch heran. Nach 200 Metern geht es auf einem Wasserkanal weiter, wenige Minuten später stößt dieser auf die nach Lugarejos verlaufende Asphaltstraße.

Wir folgen ihr nach rechts und passieren nach 400 m das Ortsschild

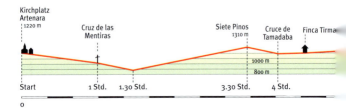

Rundwanderung ab Artenara

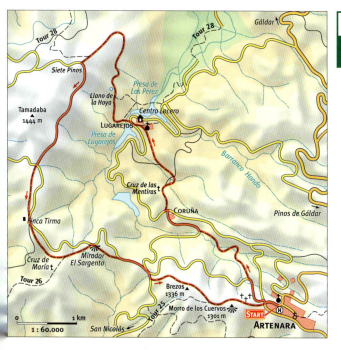

Coruña. 250 m weiter, kurz vor einer ausgeprägten Rechtskurve, geht es auf einem anfangs steingepflasterten Weg 50 m hinauf. Wir kreuzen eine Asphaltstraße und gehen – nun auf Betonpiste – an einem weißen Elektrizitätsturm vorbei, ignorieren nach 150 m einen rechts abzweigenden Pfad. 200 m darauf verlassen wir die Piste und steigen rechts an zu einem verwitterten Holzkreuz, dem **Cruz de las Mentiras** (›Kreuz der Lügen‹, 1 Std.). Im Nordwesten erblicken wir die in weiches Gestein geschlagenen Höhlenhäuser von Lugarejos und die Staumauer des Sees Los Pérez, Schafe weiden seelenruhig auf den terrassierten Berghängen.

Vom Kreuz windet sich ein steingepflasterter Pfad 50 m hinab, schwenkt dann scharf rechts und führt uns in 5 Min. in den Barrancogrund. Auf der linken Talseite gehen wir westwärts weiter und wechseln nach 150 m auf einer kleinen Brücke nach rechts über. Knapp 200 m weiter mündet der Weg in eine Betonpiste, vor uns bereits die ersten Häuser von Lugarejos. Wir halten uns nach knapp 200 m rechts und passieren das Kirchlein Ermita de San Antonio de Padua mit angrenzen-

Rundwanderung ab Artenara

Artenara von Südosten gesehen

dem Dorfplatz und alter Schule. 2 Min. später befindet sich zur Rechten der einzige Laden des Ortes: In der Tienda de Corina (nicht ausgeschildert) kann man sich mit frischem, gereiftem Ziegenkäse stärken – dazu ein Gläschen Wein, und die nachfolgende Etappe fällt ein ganzes Stück leichter!

Die Betonpiste geht nun in einen schmalen Erdweg über, der uns nach 500 m zu einer kleinen Gabelung geleitet. Dort halten wir uns links und kommen zum **Keramikzentrum** (Centro Locero de Lugarejos, 1.30 Std.). Über einen Treppenweg geht es zur Straße hinab, der wir 50 m nach rechts folgen. Wir überqueren die mächtige Staumauer und machen uns an den Aufstieg zum Tamadaba. Ein zeitweise von Seitenmauern gesäumter Weg vereint sich nach 1,3 km mit dem von Los Berrazales heraufkommenden Pfad (s. Tour 28) und stößt an der Einsattelung **Siete Pinos** auf die Tamadaba-Ringstraße (3.30 Std.). Wir folgen ihr über 2 km nach links und biegen an der nächsten Gabelung (**Cruce de Tamadaba**, 4 Std.) halblinks in Richtung Artenara ein. Auf einer Piste, die sich später zu einem Weg verengt, verlassen wir den Asphalt, kehren im weiteren Verlauf aber mehrmals zur Straße zurück. Erstmals an der **Finca Tirma** (4.15 Std.), wo darüber gewacht wird, daß niemand ohne offizielle Erlaubnis des Cabildo die 15 km lange Piste zur Westküste hinabfährt. Gleich hinter der Finca folgen wir einem von Seitenmäuerchen gesäumten Weg, der uns oberhalb der Straße an einem Bergkamm entlang aufwärts geleitet. Nach 20 Min. ignorieren wir einen rechts abzweigenden Pfad (nahe Cruz de María, s. Tour 26) und steigen hinab zum Aussichtsplateau am **Mirador El Sargento** (4.45 Std.). Dort folgen wir der Straße 200 m und biegen an einer Steinbank rechts in einen Weg, der eine weite Straßenkehre abkürzt. Wieder bleiben wir 650 m auf Asphalt, queren die **Straßenkreuzung** (5 Std.) und steigen rechts über einen steinigen Hang, dann durch Kiefernwald zum Bergkamm der Brezos hinauf. Dort laufen wir weiter auf Piste und erreichen nach 600 m den Aussichtspunkt **Morro de los Cu**

ervos (6 Std.). Vorbei am Dorffriedhof spazieren wir 600 m zu einer Kreuzung hinab und erreichen nach weiteren 200 m das Dorfzentrum von **Artenara** (6.15 Std.).

Töpferkunst in Lugarejos

Seit prähispanischer Zeit wird in Lugarejos getöpfert, denn Lehm gibt es in der Umgebung des Dorfes reichlich. Wie ihre Vorfahren stellen die Bewohner formschöne Krüge und Schalen her – nur mit der Hand, ohne Zuhilfenahme einer Drehscheibe. Im Centro Locero, einem schmucken Museum hoch über dem See, widmen sich Corina, Lidia und Maria dieser Arbeit. Wer will, kann ihnen dabei zuschauen oder selber mitmischen!

Vom Agaete-Tal zum Tamadaba

Große Runde ab Los Berrazales

Terrassenfelder in schwindelerregender Höhe, Höhlenhäuser und türkisfarbene Stauseen, wolkenverhangener Kiefernwald und phantastische Ausblicke – dieser Weg ist einer der ältesten und gewiß auch eindrucksvollsten der Insel!

DIE WANDERUNG IN KÜRZE

++
Anspruch

7 Std.
Gehzeit

950 m
An-/Abstieg

Charakter: Tagestour vorwiegend auf gut ausgebauten Königspfaden, aufgrund des Höhenunterschieds anstrengend

Einkehrmöglichkeiten/Unterkunft: Hotel und Restaurant in Los Berrazales, Bar in San Pedro

Anfahrt: Start- und Endpunkt der Tour liegen im Oberlauf des Tals von Agaete, erreichbar mit **Bus** 102.

Variante: Für die Kurzwanderung zum Keramikzentrum von Lugarejos (hin und zurück 4.15 Std.) verläßt man die Haupttour an der Presa de los Pérez.

Vom Hotel Princesa Guayarmina in **Los Berrazales** folgen wir der nach Agaete führenden Asphaltstraße 200 m bergab. Gegenüber der ehemaligen Wasserabfüllanlage (*Balneario*) biegen wir in eine abwärts führende, anfangs etwas verwahrloste Piste ein, die sich nach 100 m als Treppenweg fortsetzt und an einem Ziegenstall vorbei in den Talgrund führt. Wir überqueren eine kleine Brücke und halten uns links, gehen an einer Finca vorbei aufwärts. Bald säumen Zypressen unseren Weg, links unter uns liegen terrassierte Felder, auf denen Avocados, Orangen und Zitronen wachsen. Der Weg zieht sich oberhalb des Hotels entlang und schraubt sich in bequem angelegten Serpentinen den Steilhang der Montaña de las Vueltas (›Berg der Kehren‹) empor.

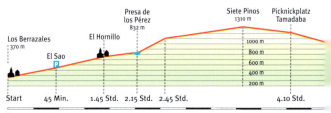

Große Runde ab Los Berrazales

Ist die Kammhöhe erklommen, bietet sich ein erster herrlicher Ausblick: tief unter uns das sich zur Küste windende Agaete-Tal, neben uns die Basaltriesen des Tamadaba und vor uns die Pyramide des Roque Cumplido, umzingelt von zerklüfteten Steilwänden. Auf der folgenden Wegstrecke dürfen wir uns erholen, der mit steingepflasterte, von einer Seitenmauer gesicherte Weg führt gemächlich zu einer Schotterpiste empor, der wir 400 m bis zum **Parkplatz** unterhalb des Dorfes **El Sao** folgen (45 Min.).

Von dort geht es auf einem Weg steil zu den Häusern von El Sao hinauf. Das kleine Dorf verdankt seinen Namen der kanarischen Weide (Sauces, lat. *Salix canariensis*), die im feuchten Barrancogrund eine Höhe von 10 m erreicht. Nur noch wenige Menschen leben in dem Ort; die Kinder der Hausbesitzer sind nach Las Palmas gezogen und kommen nur am Wochenende hierher, um ein paar Tage abseits der Zivilisation zu verbringen. Oberhalb des Weilers flacht der Weg ab und führt an einer alten Wassermühle vorbei. Früher wurde in ihr Mais und Gerste gemahlen, schon bald soll sie als Industriedenkmal restauriert werden.

Der nächste Wegabschnitt zählt zu den schönsten der Tour: Höhlen sind in ockerfarbenen Fels eingelassen, blaßgrünes Poleo und Salbei verströmen ihren würzigen Duft. Die Schlucht unter uns wird enger, nur noch 200 m Luftlinie trennen uns von der kieferngespickten Tamadabawand. Nach ein paar längeren Kehren ist **El Hornillo** erreicht: In die Steilflanken sind Höhlen gekerbt; weiß leuchten die kalkgetünchten Türen und Fenster, Blumengirlanden kontrastieren mit ockerfarbenem Gestein. Der Weg geleitet uns geradewegs zum schattigen Dorfplatz mit seiner Kapelle Santa Teresita und dem angrenzenden neuen Mini-Hotel (1.45 Std.).

Von dort geht es auf Asphalt 1,1 km zu einer unübersichtlichen Kreuzung, an der wir in die rechts hinabführende Straße einbiegen. Nach 250 m ist die Staumauer des Sees **Presa de los Pérez** erreicht (2.15 Std.).

Variante: Wer nur zum Keramikzentrum gehen möchte, folgt der Straße 1 km bis kurz vor einer Linkskurve, wo ein schmaler Weg nach Lugarejos hinaufführt. An den ersten Häusern hält man sich rechts und erreicht wenig später das Keramikzentrum (Centro Locero), wo die Frauen des Orts nach tradiertem Vorbild formschöne Gefäße herstellen (2.45 Std.). Für alle, die nicht auf gleichem Weg zurückkehren wollen, gibt es eine abenteuerliche, aber sichere Alternative: Zur Straße hinabgehen und

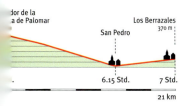

Große Runde ab Los Berrazales

rechts einbiegen, 50 m hinter der Staumauer scharf links in eine Piste und über 140 Stufen in den Talgrund hinab. Dort hält man sich rechts. Nach 100 m ist eine Staustufe erreicht, zur Linken verläuft ein Wasserkanal, dem man 400 m bis zu seinem Ende folgt. Über einen Trampelpfad steigt man zu einem breiten Weg hinauf, auf dem man über die nördliche Staumauer zur Straße gelangt. Ab hier geht es auf dem von der Haupttour vertrauten Weg zurück nach Los Berrazales (5 Std.).

Fortführung der Haupttour: An der Westseite der Staumauer setzt sich der Weg fort. Er schraubt sich durch lichten Kiefernwald empor und gabelt sich an der Anhöhe **Llano de la Haya** (2.45 Std., von links kommt Tour 27 von Lugarejos heran). Wir halten uns rechts, 400 m hinter der Gabelung können wir uns an der Quelle Fuente del Haya erfrischen. Großartig ist der Ausblick in den Barranco Hondo, in dessen Flanken unzählige Terrassenfelder geschlagen wurden; zwischen Baumkronen scheinen die Stauseen Los Pérez und Lugarejos auf. Mit einer weiten Linkskurve schwenkt der Weg auf Südwest und führt uns zur Einsattelung **Siete Pinos,** an der je zwei Seitenmäuerchen postiert wurden (3.45 Std., s. Tour 27).

Geradeaus geht es in knapp 100 m über Stufen zur Nordwestecke der Tamadaba-Ringstraße hinauf. Um den Asphalt zu meiden, gehen wir

Große Runde ab Los Berrazales

zwischen den beiden Seitenmauern nach rechts und folgen einem durch dichten Kiefernwald führenden Trampelpfad. Sonnenlicht durchflirrt die Baumkronen; es herrscht Stille, die nur vom Klopfen des Picapinos, des kanarischen ›Kiefernpickers‹, unterbrochen wird. Ziehen Wolken auf, verwandelt sich der Wald in eine Märchenlandschaft. Weiße Schleier huschen den Hang empor und verfangen sich in meterlangen Bartflechten, die wie schütteres Greisenhaar von den Kiefern herabhängen. Ihre Feuchtigkeit kondensiert an den Zweigen zu Wasser – herrlich ist das Gefühl, wenn die Tropfen über die Haut perlen!

Nach knapp 200 m erblicken wir zur Rechten einen von Höhlen durchlöcherten Fels und bleiben auf Westkurs. 50 m weiter queren wir den Grund eines Seitenbarrancos und setzen den Weg nordwestwärts fort. Nach 200 m kreuzen wir einen zweiten, nach nochmals 300 m einen dritten Seitenbarranco. Danach lichtet sich der Wald und der Pfad verzweigt sich in einer Vielzahl von Spuren, die nach 80 m in eine Piste münden. Unmittelbar links liegt der **Picknickplatz Tamadaba** (4.10 Std.), wo Bänke und Tische zur Rast einladen; ausreichend Holz liegt bereit, um sich im Grillofen eine warme Mahlzeit zu bereiten. Von der Westseite der Anlage bietet sich ein grandioser Ausblick auf die Steilwand des Roque Faneque, das Meer und – bei klarer Sicht – den Gipfel des Teide auf der Nachbarinsel Teneriffa.

Vom Picknickplatz folgen wir der Piste in Nordostrichtung, nun vorwiegend abwärts. Nach 400 m passieren wir eine Kette, die Autos die Durchfahrt versperrt. 250 m weiter biegen wir links in einen von Seitenmäuerchen flankierten Weg ein, der einen weiten Bogen um eine private Finca (Casas de Tamadaba) schlägt. Später kreuzen mehrere Pisten unseren Weg, Seitenmauern signalisieren den Fortgang der Wanderung. Bis zum **Mirador de la Vuelta de Palomar** (5 Std.), der einen Ausblick bis Teneriffa bietet, bleiben wir auf Nordkurs, danach schwenkt der Weg auf Südost und läßt den Kiefernwald hinter sich. An schwindelerregend steilen, fast senkrecht abfallenden Felswänden schraubt sich der gut ausgebaute Weg ins Tal hinab. Eine Verschnaufpause genießt man am kreisrunden, steingepflasterten Plateau vor dem **Roque Bermejo,** einem rötlich schimmernden, altkanarischen Kultberg. Noch vor gar nicht langer Zeit wurde hier Getreide gedroschen (5.40 Std.).

Östlich des Plateaus setzt sich der Weg fort, führt an mehreren Dutzend Höhlen vorbei, die ins weiche Gestein geschlagen wurden. Sie dienten den Altkanariern als Wohnung, heute werden sie während der *Bajada de la Rama,* der großen Sommer-Fiesta, als Schlafstätte genutzt. Wir queren einen Barrancogrund, in dem eine Quelle sprudelt, und setzen unseren Weg in Nordostrichtung fort. Vorbei an Mandelbäumen erreichen wir die ersten Häuser von **San Pedro.** An einem großen Eukalyptusbaum steigen wir zur Straße hinab, die uns in 300 m ins Dorfzentrum führt (6.15 Std.).

Wer in Agaete wohnt, geht ab Brücke geradeaus und steigt über Stufen zur Bushaltestelle hinauf. Wer dagegen zum Ausgangspunkt der Tour nach Los Berrazales zurückgehen will, biegt noch vor der Brücke rechts ein und folgt der Piste um einen Fußballplatz herum. An seiner Südostecke (links hinten) geht es auf einem Treppenweg wei-

Große Runde ab Los Berrazales

Zwischen Agaven und Mandeln

ter, der parallel zu den Straßenlaternen verläuft. Er bringt uns zur Häusergruppe Casas del Camino, wo wir an einer Telefonzelle auf die Straße Agaete–Los Berrazales stoßen. Wir halten uns rechts und verlassen die Straße 200 m weiter auf einer rechts abzweigenden Piste, die wir nach 300 m auf einem steingepflasterten, zwischen zwei Fincas links hinaufführenden Weg verlassen. Auf ihm kommen wir nach 700 m zur Brücke, die uns bereits vom Hinweg vertraut ist. 5 Min. später ist das Hotel in **Los Berrazales** erreicht, Start- und Endpunkt der Tour (7 Std.).

Fiesta de la Rama

Kein Fest auf Gran Canaria hat mehr Ursprünglichkeit bewahrt als die *Bajada de la Rama* (›Zweigprozession‹), die am 27. Juni in San Pedro und am 3. August in Agaete gefeiert wird. Nachts wandern Alt und Jung zum Tamadaba hinauf, Irrlichter im nächtlichen Wald. Im Morgengrauen ziehen sie zur Küste hinab, tanzen zum hypnotischen Rhythmus von Kastagnetten und peitschen mit Kiefernzweigen das Meer: ein symbolischer Akt der Regenbeschwörung.

Auf der ›Milchstraße‹ zur Küste

Von Artenara nach Guía

Der Name *Vía Láctea* stammt noch aus jener Zeit, als die Herden die abgegrasten Berge des Zentrums verließen, um den Winter an der wärmeren Küste zu verbringen; im Sommer kehrten sie auf der Suche nach frischem Weideland zur Gipfelregion zurück.

DIE WANDERUNG IN KÜRZE

Anspruch: ++

Gehzeit: 7.30 Std.

Anstieg: 500 m

Abstieg: 1500 m

Charakter: Lange, vorwiegend bergab führende Wanderung auf Lava, Königsweg, Piste und Straße

Einkehrmöglichkeiten/Unterkunft: Lokale in Artenara, Bars in Majadales und Hoya de Pineda, Jugendherberge und Bars in Guía

Anfahrt: Artenara liegt 8 km nordwestlich von Tejeda und ist mehrmals täglich mit **Bus** 220 ab Las Palmas erreichbar; dorthin kommt man auch leicht von Guía zurück (Linien 101–103).

Vom **Kirchplatz Artenara** folgen wir der zur Höhlenkapelle La Cuevita ausgeschilderten Straße. Sie endet nach 400 m auf einer blumengeschmückten, von einem Steilhang gesäumten Aussichtsterrasse. Mehrere Höhlenhäuser sind in den rötlichen Fels gekerbt, auch die Kapelle samt kleinem Glockenturm ist in den Berg eingelassen. Neben dem Kirchlein führt ein Treppenweg zur Betonpiste hinauf, über die wir zu einem kleinen Plateau unterhalb des Kreuzes **Cruz de Toríl** hinabgehen (15 Min.).

Wir ignorieren alle hier abzweigenden Pisten, gehen stattdessen über den in den Fels geschlagenen Treppenweg aufwärts. An der Gabelung nach 3 Min. halten wir uns halbrechts und steigen über einen teilweise steingepflasterten Camino hinauf. Nach 200 m mündet er in eine Piste, in die wir links einbiegen. 150 m weiter bietet sich uns die Möglichkeit, eine weite Pistenkehre abzukürzen, indem wir dem geradeaus weisenden Weg folgen. Wieder auf Piste, gehen wir in Südostrichtung weiter und passieren die Cuevas del Caballero, prähispanische und für Besucher nicht mehr zugängliche Höhlen am Steilhang (1.50 Std.). Bald darauf knickt die Piste nach links ein, rechts des Weges steht ein Kreuz aus dem Jahr 1913. An der nächsten Pistenkreuzung halten wir uns rechts, 150 m weiter biegen wir links ein in die **Abzweigung nach Pinos de Gáldar** (2.15 Std.).

Auf einem Lavaweg steigen wir ab und erreichen 500 m weiter die Straße Cruz de Tejeda–Pinos de Gáldar bei km 6,7 – vor uns der pechschwarze Kegel des Montañón Negro. Eine tiefeingeschnittene Narbe an seiner Westseite erinnert an eine Nacht- und Nebelaktion, in der hier ein Bauunternehmer Lavaasche entnommen hat. Wir folgen der Straße 250 m nach links und verlassen sie auf einem rechts abzweigenden, mit Seitenmäuerchen und Schild markierten Weg, der am Westhang des Berges Montaña de Capitán entlangführt. Wir gelangen zu einer Lavalichtung, die wir nordwärts durchschreiten; eine Piste bildet sich heraus, die entlang eines Kiefernhains zur Straße führt. Wir queren sie, ›wedeln‹ anschließend über einen breiten, unbefestigten Lavahang in 200 m zur Straße Pinos de Gáldar–Artenara hinab, wo sich der Weg auf der gegenüberliegenden Straßenseite fortsetzt. Zuvor sollte man freilich einen Abstecher zum **Mirador Pinos de Gáldar** einflechten, der 150 m zur Rechten liegt. Bei klarer Sicht bietet sich ein tiefer Blick in den kiefernbewachsenen Kratergrund, über die zerklüfteten Flanken schaut man auf den Norden Gran Canarias (3 Std.).

Wir kehren auf den Weg zurück und durchschreiten immergrünen Wald, sehen jahrhundertealte Kiefernbäume mit weit ausladenden Nadelkronen. An der **Gabelung Fontanales/Guía** (3.15 Std.) halten wir uns links, sogleich schwenkt der Weg auf Nordkurs zurück und läuft parallel zu den Gemeindegrenzmauern die linke Hangseite entlang. Er geleitet uns zum Steinkreuz Cruz del Cabezo hinab, anfangs durch Kiefernwald, später bestimmen grüne Weiden das Landschaftsbild. Sanftgewellte Bergkuppen sind durch Trittspuren von Schafen und Ziegen modelliert, die Kämme noch von Kiefern gekrönt.

Bei **Majadales** (3.45 Std.) mündet der Weg in die Straße Juncalillo–Fontanales, der wir nach rechts folgen. Wir passieren die Bar Lomo El Palo und kommen kurz darauf zu einer Gabelung, wo wir links in eine kleine Seitenstraße einbiegen. Diese verlassen wir in einer Rechtskurve nach 400 m auf einer geradeaus weiterführenden Erdpiste. Einer Links-

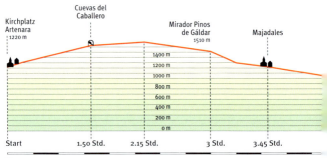

Von Artenara nach Guía

Alpenimpression nahe El Cabezo

abzweigung schenken wir keine Beachtung, unsere Piste verengt sich zu einem Weg, der abermals in eine Asphaltpiste mündet. Auf dieser laufen wir am Osthang des Berges Montaña Buenaventura entlang und queren nach 15 Min. eine Straße. Nach weiteren 10 Min. schwenken wir links in eine Erdpiste ein, lassen an den ersten Häusern des Weilers Caideros einen links abzweigenden Weg unbeachtet. An einer ausgeprägten Linkskurve verlassen wir den Fahrweg, um rechts in eine Piste einzubiegen, von der nach 30 m ein steingepflasterter Weg abzweigt.

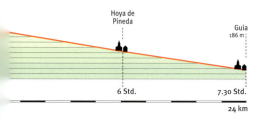

Dieser führt uns am Südosthang des rötlich schimmernden Berges Acebuche entlang, unter uns liegen saftiggrüne, terrassierte Weiden. Der Weg wird bald wieder breiter und mündet an einer Bushaltestelle in die nach Hoya de Pineda führende Straße.

Auf ihr bleiben wir 2 km, eine 650 m lange Abkürzung führt geradewegs zum Weiler Tegueste (5.45 Std.). Nach 400 m Asphalt wechseln wir auf den Camino Real, der eine große Straßenkehre abkürzt und immer auf Nordkurs bleibt. Wir kreuzen die Straße und gehen rechts einer Bushaltestelle auf einer Asphaltpiste weiter, die uns in 300 m in einen Ortsteil von **Hoya de Pineda** führt (6 Std.). Die Häuser kauern am Fuße des kegelförmigen Bergs Montaña de Guía, das öffentliche Leben spielt sich in einer schlichten Bar ab. Wir lassen zwei rechts abzweigende Pisten unbeachtet, wenig später verengt sich unsere Fahrspur zu einem Weg. Dieser führt uns in einen wildeinsamen Barranco, in dem mannshohe Wolfsmilch und Tabaiba, im Talgrund auch Palmen wachsen – eine grandiose Etappe vor Erreichen der ersten Häuser von Anzofé. Schließlich weitet sich der Weg zur Piste, und diese wird alsbald zur Straße. Alle Abzweigungen zur Linken ignorierend bleiben wir auf Nordkurs, erst hinter einer Kapelle halten wir uns rechts und laufen in weitem Bogen nach **Guía** (7.30 Std.)

Zum Krater Pinos de Gáldar

Tour 30

Rundtour ab Fontanales

Die schwarzen Lavahänge des Vulkankraters gehen nach Norden zu in saftiggrüne Almen über, auf denen Schafe und Ziegen weiden. Wenn Wolkenfetzen über die Hänge kriechen und sich in Baumästen verfangen, fühlt man sich in eine mythische Landschaft versetzt.

DIE WANDERUNG IN KÜRZE

Anspruch: +

Gehzeit: 3.15 Std.

An-/Abstieg: 500 m

Charakter: Eine trotz des Höhenunterschieds relativ leichte Tour auf Königsweg, Piste und kurzzeitig Straße

Einkehrmöglichkeiten/Unterkunft: Bars und Restaurants in Fontanales, dort auch mehrere Fincas

Anfahrt: Fontanales ist mit **Bus** von Las Palmas (Linie 116/117) und Gáldar (Linie 113) direkt zu erreichen.

Autofahrer kommen über Moya oder Pinos de Gáldar. Gute Parkmöglichkeiten vor dem Restaurant Fontanales

---

Vom Restaurant **Fontanales** im Ortszentrum folgen wir der nach Juncalillo führenden Straße 300 m westwärts und verlassen sie bei km 19,8, wo links die Piste Camino del Valle abzweigt. Nach wiederum 300 m, unmittelbar hinter dem Haus 8, biegen wir rechts in einen Erdweg ein, der den Barrancogrund kreuzt und am Rande eines Kiefernhains, später im Schatten üppiger Kastanien- und Eukalyptusbäume emporführt. Vorbei an Gehöften und Viehweiden geht es zum Bergkamm Lomo de la Cruz hinauf, es präsentieren sich idyllische Bilder: Auf sanftgewellten Hängen grasen zottige Schafe, daneben steht der Hirte in buntem Wollumhang mit herabgezogenem Hut, Pfeife und Stock.

Der Weg führt kurzzeitig die Straße entlang, doch schon nach 400 m verlassen wir sie auf einem rechts abzweigenden, anfangs steingepflasterten Weg. Dieser führt in höhehaltendem Bogen um den Berg Los Morretes herum. Moos und Farn wuchern in dunklen Felsspalten, es riecht nach Kräutern und Pilzen. In der Nähe eines Gehöfts queren wir eine Piste, danach windet sich der Weg zur Gabelung **Fontanales/Guía** empor (1.20 Std.). Rechts geht es über Hoya de Pineda nach Guía hinab (s. Tour 29), wir aber halten uns links und folgen dem Weg am Westhang des Vulkans Pinos de Gáldar hinauf. Junge, schlanke Kiefern stehen neben knorrigen Greisen; treiben Passatwolken heran, perlen

Rundtour ab Fontanales

Tropfen von den langen Nadeln herab.

An der nächsten Gabelung halten wir uns links und folgen der steilen und breiten, von Seitenmauern flankierten Lavarampe direkt zum **Mirador Pinos de Gáldar** hinauf (1.50 Std.).

Vor 3000 Jahren hat sich der Vulkan Pinos de Gáldar aus dem Schoß der Erde erhoben. Glühende Lavaströme ergossen sich in die Barrancos, das herausgeschleuderte Geröll bedeckt seitdem große Flächen in Richtung Fontanales. Von einem mit Holzgeländer gesicherten Balkon blickt man in den Kratergrund, vereinzelt sieht man noch jene alten knorrigen Kiefern, denen der Mirador seinen Namen verdankt *(pinos =* Kiefern). Über den Krater hinaus bietet sich ein herrlicher Blick auf den Norden der Insel, bei guter Sicht erkennt man die Umrisse Lanzarotes und Fuerteventuras.

Vom Mirador folgen wir der Straße in Richtung Las Palmas und biegen nach 650 m links in die Straße nach Fontanales ein, um sie sogleich auf einem rechts abzweigenden Fahrweg wieder zu verlassen (2 Std.). Dieser führt anfangs in weiten Kehren über Lavageröll hinab und geht dann in eine rötliche Erdpiste über, die durch lichten Eukalyptuswald führt. An einer unauffälligen Gabelung halten wir uns leicht rechts und gehen weiter bergab. Die Vegetation wird jetzt üppiger: Am Wegesrand wachsen Farnwedel, windgepeitschte Wacholderbäume beugen ihre Kronen. An einem Betonbau (2.15 Std.) schwenkt die Piste nach links; nach 2 Min. verlassen wir sie auf einem rechts abzweigenden, breiten Weg, der sogleich links schwenkt und sich verengt. Er führt an einer saftiggrünen Alm mit großem Schafstall vorbei und mündet wenig später in die uns bereits bekannte Piste. Wenn diese nach 5 Min. scharf links in Richtung eines weißen Hauses einknickt, biegen wir rechts in einen markanten, den Hang entlang führenden Weg ab. Leicht abschüssig geleitet uns der Pfad in wenigen Schritten zu einer rötlichen Ebene, von der wir nach rechts auf eine neue, deutlich sichtbare Piste zuhalten. Dieser folgen wir nach rechts, passieren einen von angeleinten Hunden bewachten Höhlenstall und stoßen am Haus 24 auf die

Rundtour ab Fontanales

Beim Abstieg nach Fontanales

Piste **Camino de Aguas de Fontanales** (2.45 Std.). Auf ihr bleiben wir für den Rest der Tour und passieren dabei den Pozo del Huerto (›Brunnen des Gemüsegartens‹), dessen gurgelndes Wasser durch die Kanäle talabwärts rauscht. Aus wettergegerbten Steinmauern lugen Farn und rosettenförmige Aeonium-Pflanzen, auf Terrassenfeldern wachsen Mais, Kresse und Kartoffeln. Nach 1,2 km Piste ignorieren wir den rechts abzweigenden Weg (s. Tour 31) und erreichen nach weiteren 300 m die Hauptstraße von **Fontanales.** Das nach dem Dorf benannte Restaurant befindet sich links von uns und ist Start- und Endpunkt der Wanderung (3.15 Std.).

Ins Tal der Jungfrau

Von Fontanales durch den Barranco de la Virgen

Der Schriftsteller Unamuno war vom Anblick der Landschaft begeistert. Er rastete im Schatten von Kastanienbäumen, um ihn herum quakten die Frösche – und wären da nicht Palmen und Bananen gewesen, hätte er meinen wollen, im grünen Galicien zu sein.

DIE WANDERUNG IN KÜRZE

Anspruch: ++

Gehzeit: 4 Std.

An-/Abstieg: 500 m

Charakter: Problemlose Tour auf gut ausgebauten Königswegen und Pisten, aufgrund des Höhenunterschieds etwas anstrengend

Einkehrmöglichkeiten/Unterkunft: In Fontanales gibt es mehrere Restaurants, Fincas und ein Hotel.

Anfahrt: Der Startpunkt Fontanales ist mit **Bus** von Las Palmas (Linie 116/117) und Gáldar (Linie 113) direkt zu erreichen, **Autofahrer** kommen über Moya oder Pinos de Gáldar. Gute Parkmöglichkeiten vor dem Restaurant Fontanales

---

Vom **Restaurant Fontanales** folgen wir der Straße in Richtung Moya und biegen nach 100 m in die anfangs steile Calle La Montañeta ein. Sie führt an romantischen, aber verlassenen Häusern vorbei; eine in einen Baum eingelassene Marienfigur spendet allen, die des Weges ziehen, ihren Segen. Nach 300 m kommen wir zu einem einzelnstehenden Eukalyptusbaum, ein Schild kündigt das Naturschutzgebiet Doramas an, das wir während der ganzen Tour nicht verlassen werden. Wir biegen in den steingepflasterten Weg ein, der an einer Hausruine vorbei aufwärts führt. Ringsum breiten sich die saftiggrünen Wiesen des Lomo del Marco aus, Feigenbäume säumen den Weg. Nach 600 m mündet dieser in eine Piste, auf der wir 75 m zum Haus **Camino Lomo El Marco 18** wei-

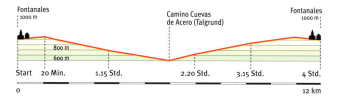

Von Fontanales durch den Barranco de la Virgen

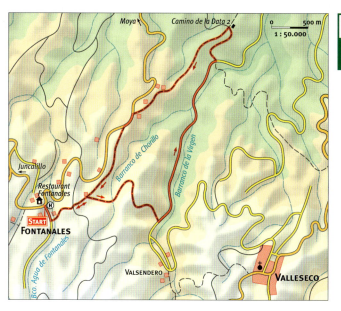

tergehen (20 Min.). Hier biegen wir rechts ein und gelangen nach 300 m zu einer Gabelung am Haus **Camino El Tablero 33**.

Wieder halten wir uns rechts und folgen der zu einem Seitental abfallenden, von üppiger Vegetation gesäumten Piste. Vereinzelt sieht man Lorbeerbäume, später auch Kastanien. Dann geht es leicht bergauf, vor einem Haus gabelt sich die Piste. Wir halten uns rechts, verlassen den Fahrweg aber schon nach wenigen Metern auf einem links hinabführenden, steingepflasterten Camino Real. Nach gut 500 Metern gehen wir unter einem Wasserkanal hindurch, und der Abstieg wird steiler. Wir passieren eine Hausruine, die, wie man hört, noch keinen ausländischen Käufer gefunden hat. Das Dachgestühl ist von Efeu überwuchert, zwischen den Ziegeln sprießen dickblättrige Rosetten hervor. Links vom Haus setzen wir unseren Abstieg fort und stoßen schließlich auf eine Piste, die am Haus **Barranco 1** in die Talstraße mündet (1.15 Std.).

Wir befinden uns im Barranco de la Virgen – rechts geht es in 700 m ins verschlafene Dorf Valsendero hinauf, wir aber halten uns links und beginnen unseren Bummel durch das ›Tal der Jungfrau‹. Die asphaltierte Piste führt stetig bergab, wir passieren restaurierte Häuser und große Obstgärten, in denen Orangen und Zitronen zum Greifen nahe, aber leider umzäunt sind. Nach Regenfällen sprießen am Wegesrand Kräuter und Sträucher, an verwitterten Mauern blühen Hibiskus und Bougainvillea. Nach 2,4 km brechen wir den Spaziergang ab, zur Linken befindet sich der Einstieg zum **Camino Cuevas de Acero** (1.50 Std.).

In weiten Kehren schraubt sich der ›Weg der Stahlhöhlen‹ den Hang hinauf. Im Widerspruch zum martia-

Von Fontanales durch den Barranco de la Virgen

lischen Namen mutet die Landschaft – vor allem im Frühjahr – wie ein Paradiesgarten an. Aus dem Dickicht von Kletter- und Adlerfarn lugt der rote Hahnenkamm *(Isoplexis isabelliana)* hervor, vereinzelt sieht man die Kanarische Glockenblume *(Canarina canariensis)*. Der anstrengende, aber genußreiche Aufstieg endet – viel zu früh – zwischen zwei Häusern. Links über uns sehen wir zunächst das Haus 37, auf dem Bergkamm thront rechts das Haus mit der Aufschrift »**Camino de la Data 2**« (2.20 Std.).

Wir folgen dem Fahrweg nach links und wählen an der sogleich folgenden Gabelung die linke der beiden Pisten. Auf den nächsten Kilometern gibt es keine Orientierungsprobleme. Nach 900 m nennt sich der Weg Camino Lomo El Negro (Haus 57), und wir steigen zu einem von hohen Mauern eingefaßten, parkähnlichen Grundstück hinauf. Es gehört der deutschstämmigen Familie Flick, die seit dem Zweiten Weltkrieg auf den Kanaren ansässig ist; durch den Import von Mercedes Benz und den Besitz zahlreicher Unternehmen zählt sie zu den reichsten des Archipels. Nach weiteren 900 m kommen wir an einer weiteren Prominentenvilla (Haus 30) vorbei: Das Haus El Mirlo (›die Amsel‹) macht heute weniger durch Vogelgezwitscher als durch bellende Boxer auf sich aufmerksam.

250 m weiter, am Haus **Camino Corvo 113** (3.15 Std.), berühren wir kurzzeitig die Straße Moya–Fontanales, um sie links bei km 16,9 auf einer parallel verlaufenden Piste wieder zu verlassen. Wir bleiben auf Süd-, später Südwestkurs und kommen schließlich zu zwei Häusern, die uns schon vom Hinweg bekannt ist: Sie tragen die Aufschrift **Camino El Tablero 33** und **Camino Lomo El Marco 18**. Keine 100 m weiter verlassen wir die Piste auf einem halbrechts abzweigenden Pfad, der uns zum großen Eukalyptusbaum an der Calle La Montañeta de Fontanales führt. Dieser folgen wir 300 m nach rechts zur Hauptstraße – 100 m zur Linken befindet sich das **Restaurant Fontanales** (4 Std.).

Almen und Äcker bei Fontanales

Durch die ›Elysischen Gefilde‹

Grüne Runde ab Firgas

In den Lorbeerwäldern des Inselnordens glaubte man die von Homer besungenen Elysischen Gefilde zu erkennen. Nach der Conquista wurden die Haine gerodet, einige seltene Pflanzen erhielten sich im naturgeschützten Barranco Azuaje.

DIE WANDERUNG IN KÜRZE

++ *Anspruch*

4.45 Std. *Gehzeit*

350 m *An-/Abstieg*

Charakter: Einfache Tour auf Wegen und Pisten, im Schlußteil auf wenig befahrener Straße

Einkehrmöglichkeiten: Bars in Firgas und im Weiler Las Madres

Anfahrt: Busverbindungen nach Firgas gibt es ab Las Palmas und Arucas (Linien 201–203), der Busbahnhof befindet sich im Ortszentrum. **Autofahrer** können die Tour auch bei der Häusergruppe Casas de Matos starten, die Fahrzeuge können unterhalb der Garage abgestellt werden.

Variante: Am Haus Camino de la Data 2 hat man Anschluß an Tour 31, mit der man nach Fontanales gelangt.

Dank seiner schier unerschöpflichen Quellen gilt Firgas bis heute als privilegierter Ort: *Agua de Firgas* kennt man überall auf Gran Canaria, und auch auf den östlichen Nachbarinseln rühmt man es als ›bestes Mineralwasser‹. Vom Wohlstand der ›Wasserbarone‹ kündet die Dorfplaza mit Kirche, Rathaus und natürlich einem Springbrunnen. Und auch der Paseo de Canarias spiegelt Reichtum, ein Terrassenweg mit Mosaiken, auf denen kanarische Landschaften abgebildet sind.

Wir verlassen **Firgas** über die südwärts nach Las Madres führende Straße. Bevor sie nach 1,5 km eine deutliche Linkskurve beschreibt, zweigt rechts eine von Eukalyptusbäumen gesäumte **Asphaltpiste nach Casas de Matos** ab (nicht ausgeschildert, 25 Min.). Bereits 100 m weiter stoßen wir auf eine Betongarage mit der Aufschrift »El Trapichillo«, was übersetzt ›kleine Zuckermühle‹ bedeutet. Hier gehen wir auf Erdpiste geradeaus weiter, und da sich kanarische Ortsnamen fast immer einer konkreten Realität verdanken, erblicken wir kurz darauf tatsächlich eine alte Zuckermühle – versteckt zwischen schattigen Bäumen zur Linken!

Etwa 100 m hinter der Garage beschreibt die Piste eine Rechtskurve, unmittelbar danach zweigt rechts ein steingepflasterter, nach winterlichem Regen grasüberwucherter Weg ab, der uns längs einer Mauer in den Seitenbarranco hinabführt und hinter einem Elektrizitätsturm nach 150 m in einen von links kom-

Grüne Runde ab Firgas

menden, breiten Weg einmündet. Wir folgen ihm 200 m abwärts und schwenken dann scharf links ein: Ein Schild unter einem alten Eukalyptusbaum markiert den Beginn des Naturschutzgebiets Azuaje (Reserva Natural Especial de Azuaje). Tief schneidet sich eine Schlucht ins dunkle Gebirgsmassiv, die steilen Hänge sind von dichter Vegetation bedeckt. Im Frühjahr erblüht der Natternkopf in weißen, pyramidenförmigen Stauden, Lavendel und Trichterwinde setzen violette Akzente. Vögel zwitschern und Bienen summen – ein romantischer Fleck.

Der Weg führt uns in vielen Kehren bequem hinab. An einer Gabelung nach 400 m halten wir uns links und erreichen nach weiteren 300 m den von hohem Schilf bewachsenen Talgrund des **Barranco de Azuaje** (50 Min.). In das Dickicht wurde eine Bresche geschlagen, Holzplanken dienen als ›Brücke‹ über morastigem Grund. Unser Weg setzt sich auf der gegenüberliegenden Barrancoseite fort, schraubt sich längs einer Mauer aus sorgfältig aufeinandergestapelten Basaltsteinen empor. Nach 400 m passieren wir ein weißgekalktes Höhlenhaus, nach weiteren 250 m – das Naturschutzgebiet haben wir inzwischen verlassen – mündet der Weg beim **Haus 8** in eine Asphaltpiste (1.10 Std.). Abrupt ändert sich der Charakter der Landschaft. Statt wilder Vegetation erwartet uns nun eine weniger schroffe, vom Menschen gestaltete Landschaft: terrassierte Felder, auf denen Orangen wachsen, kleine Kartoffeläcker und Maisfelder.

Wir folgen der Piste 500 m, verlassen sie an einer Rechtskurve (Taleinschnitt!) auf einer scharf links abzweigenden, aufwärtsführenden Zementpiste. Nach 50 m beginnt der Zickzack mit einem Rechtsschwenk. Wir gehen durch ein Tor und in einer weiteren Kurve bergauf, passieren einen Kuhstall, der von angeleinten Hunden bewacht wird, wenig später eine große Höhle. An der Gabelung 80 m weiter halten wir uns rechts, um nach 100 m die Piste auf einem rechts abzweigenden Pfad zu ver-

Grüne Runde ab Firgas

lassen. Nach knapp 200 m sehen wir über uns ein in den Fels geschlagenes Höhlenhaus, nach weiteren 200 m passieren wir ein blumengeschmücktes Gehöft. Auf einer Strecke von etwa 100 m verläuft der Weg vorübergehend leicht abschüssig, bevor er uns – links vorbei an einem Schuppen – abermals aufwärts geleitet. 60 m weiter stoßen wir auf ein kleines Plateau und folgen der links aufwärtsführenden Piste. Doch schon nach 100 m verlassen wir sie wieder auf einem schmalen Weg, der links am Betonwasserspeicher vorbei aufwärts führt. Er quert die Piste und setzt sich unmittelbar in Südrichtung fort.

Nach 150 m mündet er in eine Erdpiste, der wir rechts hinauf folgen. Wir passieren das **Haus 15** (2 Std.) und gehen auf breiter Piste weiter. Statt Weide und Flur begleitet uns nun lichter, duftender Eukalyptuswald. Die Bäume werden schon im zarten Alter abgeschlagen, ihre hohen, schlanken Stämme sind als Stützholz für Tomatenplantagen begehrt. Nach 1,5 km stetem Auf und Ab kommen wir zu einem Haus mit der Aufschrift **»Camino de la Data 2«** (2.35 Std.).

Direkt dahinter folgen wir einer links abfallenden Piste. Sie führt am Gehöft 37 vorbei und verengt sich rasch zu einem steingepflasterten Weg. In langen Kehren schraubt er sich den Hang hinab, wird von Einheimischen **Camino Cuevas de Acero** (›Weg der Stahlhöhlen‹) genannt. Wenn er in den Talgrund des Barranco de la Virgen einmündet (3 Std.), halten wir uns links und laufen weiter auf Piste.

Nach 100 m ignorieren wir den rechts abzweigenden Camino Real, zur Linken ist eine große Mauer aufgezogen, hinter der sich Reichtum verbirgt: Einst gehörte das Anwesen der Marquesa (›Gräfin‹), heute ist es im Besitz der einflußreichen Wassergenossenschaft von Firgas. Seit der Conquista sind die Wasservorkommen der Insel in privater Hand, dank knappen Angebots und stets großen Bedarfs bilden sie eine nie versiegende Quelle des Reichtums für die kanarischen ›Wasserbarone‹.

1,4 km sind wir auf Piste gelaufen, wenn zur Rechten die Dorfbar des Weilers Las Madres zur Erfrischung einlädt. Daneben befindet sich auch eine Bushaltestelle, doch der Service ist spärlich. Wir gehen weiter auf ruhiger, jetzt asphaltierter Straße, passieren die große Abfüllanlage und kommen nach 3,6 km an jener Abzweigung vorbei, über die wir beim Hinweg zum Barranco de Azuaje hinabgestiegen sind (4.20 Std.). Nach weiteren 1,5 km ist das attraktive Ortszentrum von **Firgas** erreicht (4.45 Std.).

Tour 33: Pilgerweg nach Teror

Abstieg von Cruz de Tejeda über Valleseco

Vom gebirgigen Inselzentrum führt der Weg durch alle Schattierungen von Grün ins Wallfahrtstädtchen Teror, einen der schönsten Orte der Kanaren. Von der kopfsteingepflasterten Plaza mit Kirche und Bischofspalast zweigt die ›Gasse der Balkone‹ ab.

DIE WANDERUNG IN KÜRZE

Anspruch: +	**Charakter:** Nur anfangs anstrengende, dann leichte, vorwiegend bergab führende Tour auf gut ausgebautem Weg, Piste und Asphalt
Gehzeit: 4 Std.	
Anstieg: 100 m	**Einkehrmöglichkeiten/Unterkunft:** Stärken kann man sich in den Bars von Lanzarote, Lomo de la Rosa und Teror. Preiswerte Unterkünfte gibt es im Bergdorf Tejeda, ein Hotel in Cruz de Tejeda.
Abstieg: 1000 m	**Anfahrt:** Cruz de Tejeda ist mit **Auto** von allen Himmelsrichtungen gut zu erreichen. Täglich mehrere **Busverbindungen** gibt es von Las Palmas, Santa Brígida und Tejeda (Linie 305).

An der großen, oft von Passatwolken eingehüllten Kreuzung **Cruz de Tejeda** biegen wir in die nach Pinos de Gáldar führende Straße ein. Zwischen dem Gebäude des Paradors und einigen Souvenirständen gelangen wir nach 200 m zu einem **Parkplatz,** wo eine aus Basaltsteinen errichtete Aufstiegsrampe an einem Elektrizitätsturm vorbei emporführt.

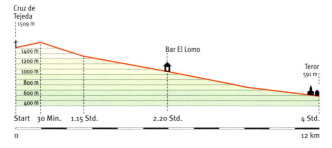

Abstieg von Cruz de Tejeda über Valleseco nach Teror

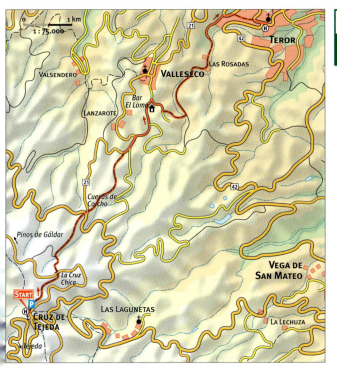

Der Weg steigt über den ginsterbedeckten Hang nordostwärts an und bietet Aussicht auf kunstvoll terrassierte Berghänge. An einem Elektrizitätsmast stößt er auf die **Paßhöhe La Cruz Chica** (30 Min.) an der Straße nach Pinos de Gáldar (km 2,9).

Auf der gegenüberliegenden Straßenseite setzt sich der steingepflasterte Weg deutlich sichtbar fort, geleitet uns durch Kiefernwald und über felsiges, glattgewaschenes Terrain. Bei klarer Sicht reicht der Blick über den Norden Gran Canarias bis zur Halbinsel La Isleta mit ihren grauen Vulkankegeln. Dann führt der Weg in den Barranco de los Peñones ›Felsenschlucht‹, der seinen Namen ein paar verwitterten Monolithen verdankt, an denen wir links vorbeigehen. Ihre Schattenseite ist von Greenovia-Pflanzen übersät, fleischigen, tellergroßen Rosetten, die sich in den Stein krallen. Nur in kleinen Felsmulden, in denen sich etwas fruchtbare Erde gesammelt hat, kann die Pflanze gedeihen. In ihren dicken, saftigen Blättern speichert sie das winterliche Regenwasser für den langen Sommer. – Nach Querung des Barrancogrunds setzt sich der Weg hinab auf der gegenüberliegenden Hangseite fort. Wir passieren einen Wasserspeicher, an Obstbäumen und Schafsgehegen vorbei gelangen wir zur Straßengabelung **Cuevas de Corcho** an der GC-21 (1.15 Std.).

Wir folgen der Straße in Richtung Valleseco und verlassen sie nach we-

Abstieg von Cruz de Tejeda über Valleseco nach Teror

Cruz de Tejeda: Startpunkt des Pilgerpfads

nigen Metern auf einem rechts abzweigenden Weg. Im Schatten von Kiefern steigen wir zum Bergkamm hinauf, wo sich ein schöner Blick in einen weiten, saftiggrünen Krater bietet. Auf seinem Grund liegt ein altes Gehöft, umgeben von Feldern und Weiden. Wir steigen hinab und ignorieren einen zum Haus führenden Pfad. An einer Viehtränke vorbei stoßen wir auf eine Piste, die uns in 600 m zur Straße GC-21 bringt (2 Std.). Wir folgen dieser nach rechts und gehen an einem Waschplatz vorbei, der noch heute von den Frauen des Dorfes benutzt wird. An der Gabelung nach 500 m verlassen wir die nach Lanzarote hineinführende Straße und gehen geradeaus, 400 m weiter ignorieren wir die rechts einknickende Straße und gehen geradeaus weiter 500 m in Richtung Valleseco. Kurz hinter der **Bar El Lomo** (2.20 Std.) biegen wir rechts in eine grasbewachsene Piste ein, die wir sogleich wieder auf einem breiten, rechts abzweigenden Weg verlassen. Er führt uns in den Barranco de la Madrelagua, eine grüne Oase, in der sich Reste des alten Lorbeerwaldes erhalten haben. Nach gut 10 Min. wechseln wir auf eine Asphaltpiste über, die uns zu einem Weiler geleitet. Wir queren einen weiteren Talgrund und steigen durch Zitronenhaine zu einer Piste hinauf, der wir 10 Min. in Nordwestrichtung folgen. Nach weiteren 5 Min., an einer Kurve mit Felgenbaum, biegen wir in die abwärtsweisende Piste ein. Wir wechseln die Talseite und erreichen – nunmehr auf Weg – nach 10 Min. den Weiler **Las Rosadas** (3.25 Std.). Von dort geht es auf Asphalt weiter zur GC-30 Firgas–Teror. Wir biegen rechts in sie ein, kürzen eine weite Kehre ab und erreichen die Stadt **Teror** über ihre Südseite (4 Std.).

Almen und Felsmonolithen

Rundwanderung durch das Tal von San Mateo

Bereits kurz nach der Conquista durfte sich San Mateo mit dem Titel *Vega* – ›Aue‹ – schmücken. Bis heute ist es das landwirtschaftliche Zentrum der Insel – berühmt sind vor allem sein Käse, das Obst und der sonntägliche Viehmarkt.

DIE WANDERUNG IN KÜRZE

Anspruch: **++**

6 Std. Gehzeit

1000 m An-/Abstieg

Charakter: Geologisch und botanisch abwechslungsreiche Tour auf gut ausgebauten Wegen und Pisten, aufgrund des zu bewältigenden Höhenunterschieds ziemlich anstrengend

Einkehrmöglichkeiten: Im Ortszentrum von San Mateo gibt es das Hotel La Cantonera, dazu mehrere Bars und Restaurants.

Anfahrt: San Mateo ist mit **Bus** 305 ab Tejeda, Santa Brígida und Las Palmas leicht erreichbar. Der Busbahnhof liegt gut, vom Ortszentrum mit Kirche und Rathaus nur 3 Min. entfernt. **Autofahrer** erreichen den Startpunkt von Las Palmas kommend über die GC-15 oder von Telde/Tenteniguada kommend über die GC-41. Beste Gelegenheit zu parken an der Markthalle neben dem Busbahnhof.

Gegenüber dem Busbahnhof von **San Mateo** befindet sich die Markthalle Mercado Agrícola y Artesanal. Am zugehörigen Restaurant El Mercado folgen wir der Straße Antonio Perera Rivero leicht aufwärts in westlicher Richtung. Sie stößt nach 100 m auf die GC-41, in die wir links einbiegen, die wir aber schon nach 100 m auf einer nach La Higuera ausgeschilderten Asphaltpiste verlassen. Wir folgen ihr 700 m bergauf, dann endet die Piste. Rechts an einem einzelnstehenden Haus vorbei führen in den Fels gehauene Stufen zu einem Weg hinauf, der sich am Hang emporwindet und nach wenigen Minuten auf eine Piste stößt. Diese mündet rechts nach nur 200 m in die **Straße GC-41** (20 Min.).

Wir folgen ihr knapp 100 m nach links und biegen dann rechts in eine Piste ein. Diese führt an den Flanken eines langgestreckten Bergkamms entlang, der das dicht besiedelte Tal San Mateos von der weitgehend unberührten Gipfelregion abtrennt. Von einer Margeritenart, im Volksmund ›Weihrauchpflanze‹ genannt, geht zur Blütezeit ein betörender Geruch aus, knallig gelb verfärbt sich der Hang. Wir passieren nach 600 m eine Häusergruppe und verlassen die Piste nach weiteren 1,5 km auf ei-

Rundwanderung durch das Tal von San Mateo

nem südwärts einschwenkenden und über einen Bergrücken ansteigenden Weg. Wir queren den üppig bewachsenen Barranco del Agua, um auf der gegenüberliegenden Hangseite aufzusteigen. Der Weg ist jetzt steingepflastert und führt in gemütlichen Kehren bergauf. An einer mit Kiefern bewachsenen Anhöhe, der **Era Conejo** (›Kaninchenebene‹), mündet er in eine Piste, der wir nach rechts folgen (2 Std.).

Nach neuerlicher Querung eines Talgrunds wird es anstrengend. Wir ignorieren eine links zu einem Haus führende Piste und meistern in mehreren Serpentinen einen Bergrücken. Anschließend geht es im Halbkreis um den stolz aufragenden Felsmonolithen **Roque del Saucillo** (1709 m) herum, bevor der Weg wieder nach Südwesten und Süden eindreht (2.40 Std.).

Wir halten jetzt direkt auf den kegelförmigen Berg Cruz de Saucillo zu und umgehen auch ihn über seine Ostflanke. Am Paß **Cañada Martín** (3 Std.) verlassen wir die Piste auf einem rechts abgehenden Pfad. Er mündet nach wenigen Minuten in einen Fahrweg, der uns durch ein von der Landwirtschaft geprägtes Gebiet führt. Wir schwenken auf Südwestkurs, ignorieren alle abzweigenden Pisten und erreichen in 10 Min. die Straße Telde–Cruz de Tejeda (genau 1 km östlich der Pico-Gabelung). Wir halten uns rechts, passieren nach 150 m den Taleinschnitt **Era del Barranco** (3.30 Std.) und biegen nach weiteren 150 m erneut rechts ein. Auf der in Nordwestrichtung verlaufenden Piste bleiben wir für einige Minuten im Schatten von Kastanien- und Kiefernbäumen; kurz vor einem Schild, das Motorrädern die Durchfahrt untersagt, folgen wir einem steingepflasterten Weg, der uns zu einer Piste hinabführt. Wir folgen dieser nach links, bis sie wenige Minuten später an einer Hausruine endet. An dieser Stelle setzt sich der alte Camino Real fort. Weiter unten lichtet sich der Wald, Terrassenfelder und Obstbäume künden von einem nahegelegenen Weiler. Wir queren ein trockenes Bachbett und passieren die Häuser von El Lomito Blanco. Von dort geht es vorübergehend auf Piste weiter, wir verlassen sie nach 300 m auf einem links abzweigenden, durch Seitenmäuerchen gekennzeichneten Weg. Dieser führt mal höhehaltend, mal abschüssig durch lichten Kiefernwald und mündet nach 15 Min. an einem Eukalyptusbaum in eine Piste, der wir nach links zum Weiler **Casa de los Ingleses** folgen (4.30 Std.). Der Name ›Haus der Engländer‹ stammt noch aus der Zeit um 1900, als englische Unternehmen die reichen Wasservorräte der Region erschlossen.

Nach weiteren 1,2 km auf altem, bröckligem Asphalt kommen wir zur Kreuzung am Biliandra-Paß. Dort

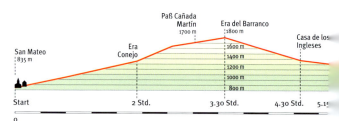

Rundwanderung durch das Tal von San Mateo

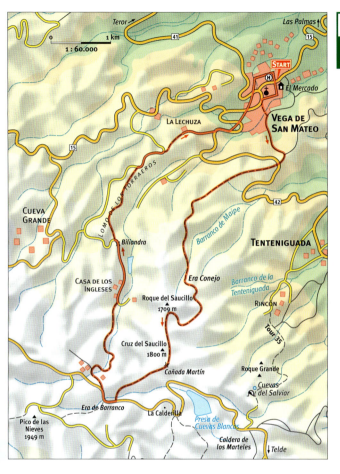

biegen wir rechts in einen Feldweg ein, den wir nach gut 350 m auf einem links abzweigenden, längs des Bergrückens **Lomo de los Horraeros** verlaufenden Weg wieder verlassen (5.15 Std.). Der Blick reicht über die angrenzenden Schluchten bis San Mateo, das mit vielen neuen Häusern weit in die Landschaft ausgreift. Wir wandern an alten Bauernhäusern und Terrassenfeldern vorbei, nach 1,1 km mündet der Weg in eine Asphaltpiste, der wir 800 m zu einer ausgeprägten Linkskurve hinab folgen. Dort halten wir uns rechts, passieren einen Tante-Emma-Laden und

Rundwanderung durch das Tal von San Mateo

erreichen nach weiteren 1,2 km die Straße GC-41 San Mateo–Telde.

Nach 150 m biegen wir von der GC-41 links ab in eine Erdpiste, die eine weite Straßenkehre abkürzt. Wir kreuzen die Straße und gehen dann auf einem Weg hinab, der uns an Obstbäumen vorbeigeleitet bevor er erneut die Straße erreicht. Auf einer Asphaltpiste geht es 300 m zur Hauptstraße hinab weiter. Wir kreuzen sie und erreichen über die Calle Calvo Sotelo nach 250 m das Ortszentrum von **San Mateo**. Links die Kirche, das Rathaus und eine Bar, rechts geht es zum Busbahnhof (6 Std.).

Panza del Burro

Bis vor gar nicht langer Zeit war es üblich, daß der Bauer in der glühenden Mittagshitze Siesta im Schatten seines Esels hielt. Blinzelte er müde und traumverloren nach oben, sah er nur einen flauschig-grauen Bauch. Kam er einmal in den von Passatwolken verhangenen Norden, fühlte er sich an den dunklen, schwer herabhängenden Bauch seines Tieres erinnert. »El cielo está gris como la panza de mi burro« (›Der Himmel ist grau wie der Bauch meines Esels‹), rief er aus – ein Ausspruch, der mittlerweile auf allen Kanarischen Inseln zum geflügelten Wort geworden ist.

Grüne Fluren nahe der Caldera de los Marteles

Blühender Steingarten

Umrundung der Caldera de Tenteniguada

Oberhalb der Gärten von Tenteniguada spannt sich ein halbrundes Basaltskelett, das von Schluchten zerfurcht und von bizarren Felszähnen gekrönt wird. Dank des Nordostpassats, der feuchte Wolkenbänke heranträgt, ist die Caldera überaus reich an seltener Flora.

DIE WANDERUNG IN KÜRZE

++ Anspruch

4.15 Std. Gehzeit

750 m An-/Abstieg

Charakter: Aussichtsreiche Tour durch eine bizarre Gebirgsszenerie. Nach steilem Aufstieg folgen gemütliche Etappen auf Wegen und Pisten, der Rückweg ist nur im mittleren Teil anstrengend.

Einkehrmöglichkeiten/Unterkunft: Bars und kleines Hotel in Tenteniguada

Anfahrt: Startpunkt ist das Ortszentrum von Tenteniguada an der Straße GC-41 Telde–San Mateo. **Schnellbusse** fahren von Las Palmas (Linie 80) und Maspalomas (Linie 90) nach Telde, dort hat man Anschluß mit Linie 14 nach Tenteniguada.

In **Tenteniguada** folgen wir der GC-41 in Richtung Valsequillo und biegen 300 m hinter der Abzweigung nach Montecillo (kurz vor einer einzelnstehenden Zypresse) in einen anfangs nur schwer auszumachenden Pfad ein, der steil zum Dorffriedhof hinaufführt. Wer den Weg verpaßt, wählt die bequeme Piste, die wenig später rechts abzweigt. Auf ihr geht es vom Friedhof noch 300 m weiter, an der Gabelung halten wir uns rechts und schwenken vor dem Haus mit rotem Ziegeldach links ein. Wo die Piste nach 75 m rechts einknickt, verlassen wir sie auf einem Pfad, der geradeaus, links vorbei an einem großen Mandelbaum, einen Hang hinaufführt. Ginster und weißer Affodil säumen den Weg, im Frühling ist die Landschaft in ein gelbweißes Blütenmeer getaucht. Später ist auch die endemische Felsrübe *(Tinguarra montana)* zu entdecken, eine schlanke Pflanze

Umrundung der Caldera de Tenteniguada

mit gelben Blüten, die bis zu 1,50 m groß werden kann. In engen Kehren schraubt sich der Weg aufwärts und überwindet in der nächsten halben Stunde über 350 Höhenmeter! Treuer Begleiter zur Rechten ist der doppelgipflige Roque Grande, der etwa 1500 m aufragt und zur Südostseite hin steil abfällt.

Erst auf dem almenähnlichen Bergkamm **La Mesa** können wir verschnaufen und in aller Ruhe das Gebirgspanorama genießen (1.30 Std.). 10 Min. später, an einer Paßhöhe, stehen noch die Einfriedungsmauern der alten Schafsgehege. In der Folge verläuft der Weg am Bergkamm entlang, schwenkt nach 20 Min. kurzzeitig auf Süd und stößt auf eine Piste, in die wir rechts einbiegen. Wir ignorieren nun mehrere links und rechts abzweigende Wege, bleiben dabei stets auf Westkurs und erreichen im Schatten hoher Kiefernbäume den Nordrand der **Caldera de los Marteles,** einen imposanten Vulkankrater an der Straße Telde–Cruz de Tejeda (2.45 Std.).

Wir folgen der Straße westwärts in Richtung Cruz de Tejeda und biegen nach 100 m rechts in eine Piste ein. Nach einer steilen Kehre quert sie den Oberlauf des Barranco de la Capellanía und steigt auf der gegenüberliegenden Hangseite kurzzeitig an. Wir verlassen die Piste auf einem Weg nach Norden, der uns nun 2,1 km begleiten wird. Kurz bevor er den Grund eines Seitentals quert, können wir uns an einer Quelle unterhalb der Höhlen **Cuevas del Salviar** erfrischen (3.10 Std.). Vom nächsten Bergrücken genießen wir einen spektakulären Ausblick über die Täler von Tenteniguada und Valsequillo bis nach Las Palmas und Telde. Am Wegesrand sehen wir die äußerst seltene Blaue Taginaste *(Echium callithyrsum),* die hier ihre volle Größe von 3 m erreicht. Zwischen März und Mai, wenn sich ihr hoher Blütensporn öffnet, ist der gesamte Hang mit einem hellblauen Teppich bedeckt. Üppig ist auch die Vegetation im darauffolgenden Seitental (3.30 Std.): Zwischen baumhohen kanarischen Weiden versteckt sich das kanarische Felspastell *(Greenovia aurea),* eine große fleischige Rosette, aus der im Frühjahr eine gelbliche Blütenkrone wächst.

Unser Weg steigt auf Lavagrus kurzzeitig an, um sich anschließend in vielen Serpentinen über einen Hang abwärts zu winden. Auf einer Betonpiste geht es hinab zu den ersten Häusern des Weilers **El Rincón.** An der nach 5 Min. erreichten Gabelung, nach einem alten Kastanienbaum Cruce del Castaño benannt, halten wir uns rechts und durchlaufen die Ortschaft in nördlicher Richtung – erst auf Beton, dann auf Asphalt. Traditionelle Bauernhäuser kontrastieren mit Neubauten, die ihre Schlichtheit mit Blumenschmuck kaschieren. Wo unsere Straße mit ei-

Umrundung der Caldera de Tenteniguada

ner von links kommenden Piste zur Calle El Almendrillo verschmilzt, befindet sich die zentrale Bushaltestelle des Weilers. 300 Meter weiter verlassen wir die Straße auf einer rechts abzweigenden Asphaltpiste, die uns in 10 Min. zur GC-41 hinabführt. Wir befinden uns hier im Ortszentrum von **Tenteniguada,** rechts geht es zu einem Restaurant und zum Supermarkt, geradeaus auf Piste nach Valsequillo und links zum Hotel El Pinar (4.15 Std.).

Aufstieg zur Caldera de los Marteles über einen Blumenteppich

Kleiner Sprachführer

Hier einige wichtige Bezeichnungen, die man auf Gran Canaria unterwegs immer wieder antrifft:

andén	Gehsteig an einer Steilwand	fuente	Quelle
guagua	Bus	haya	Buche
barranco	Schlucht	hoya	Senke
barranquillo	kleine Seitenschlucht	huerto	Garten
		iglesia	Kirche
caldera	Vulkankrater, Talkessel	llano	Ebene
		lomo	Bergrücken
calle	Straße	mesa	Hochebene
camino	Weg	mirador	Aussichtspunkt
camino real	Königsweg	molino	Mühle
campamento	Campingzone	montaña	Berg
cañada	enge Schlucht	morro	Felskuppe
carretera	Landstraße	parada	Haltestelle
casa	Haus	parador	staatliches Hotel
casa forestal	Forsthaus	paso	Durchgang
coto de caza	Jagdrevier	perros sueltos	frei umherlaufende Hunde
cruce	Kreuzung, Gabelung	pico	Gipfel
		pinar	Kiefernwald
cruz	Wegkreuz	pino	Pinie, Kiefer
cueva	Höhle	pista forestal	Forstpiste
cumbre	Berggipfel, hier: das zentrale Gebirgsmassiv der Insel	playa	Strand
		pozo	Brunnen
		presa	Stausee
degollada	Paß, Einsattelung	puente	Brücke
descansadero	Ruhe-, Rastplatz	risco	Fels, steiler Berghang
embalse	Stausee		
estación de guaguas	Busbahnhof	roque	Fels
		sendero	Pfad
finca, granja	Bauernhof	valle	Tal

Buslinien

Linie 1
Puerto de Mogán–Maspalomas–Las Palmas (3.30 Std.)
Puerto de Mogán–Las Palmas
Mo–Fr 8.10, 8.50, 9.10–19.50 alle 20 Min.
Sa und So 8.30–19.30 alle 30 Min.
Las Palmas–Puerto de Mogán
Mo–Fr 5.40, 6.20–19.20 alle 20 Min.
Sa und So 6–19.30 alle 30 Min.

Linie 11
Las Palmas–Agüimes (50 Min.)
Las Palmas–Agüimes
tgl. 5.50–21.50 jede Std.
Agüimes–Las Palmas
Mo–Fr 6.00–22.00 jede Std., Sa und So nur bis 21.00

Linie 14
Telde–Tenteniguada (30 Min.)
Telde–Tenteniguada
tgl. 8.45, 9.35, 11.15, 15.00, 15.50, 16.40, 19.00
Tenteniguada–Telde
tgl. 9.45, 10.25, 12.05, 15.50, 16.40, 17.30

Linie 18:
Maspalomas–San Bartolomé (1 Std.)–Ayacata (1.45 Std.)–Cruz de Tejeda (2.30 Std.)
Maspalomas–San Bartolomé
Mo–Fr 8.00, 11.30, 15.15, 18.30
Sa und So 8.00, 15.30
San Bartolomé–Maspalomas
Mo–Fr 6.55, 10.30, 14.15, 17.15
Sa und So 6.55, 10.24, 14.30
San Bartolomé–Ayacata
Mo–Fr 6, 9.20, 12.15, 16.15, 19.15
Sa und So 9.20, 16.15
Ayacata–San Bartolomé
Mo–Fr 6.30, 10.00, 16.45
Sa 10.00, So 13.00

Maspalomas–Cruz de Tejeda
So 8.00
Cruz de Tejeda–Maspalomas
So 12.30

Linie 27
Agüimes–Montaña de las Tierras (30 Min.)
Agüimes–Montaña de las Tierras
Mo und Mi 8.00
Montaña de las Tierras–Agüimes
Mo und Mi 8.30

Linie 32
Playa del Inglés–Puerto de Mogán (1.15 Std.)
Playa del Inglés–Puerto de Mogán
tgl. 8.30–19.30 alle 20 Min., 20.30
Puerto de Mogán–Playa del Inglés
tgl. 7.00, 9.40–20.00 alle 20 Min.

Linie 34
San Bartolomé–Santa Lucía–Temisas–Agüimes–El Doctoral (1.30 Std.)
San Bartolomé–Temisas–Agüimes–El Doctoral
Mo–Fr 5.15, 6.45, 7.30, 10.00, 12.30, 14.30, 15.45, 18.15
Sa und So 6.45 (nur Sa), 8.00, 11.00, 14.30, 18.15
El Doctoral–Agüimes–Temisas–San Bartolomé
Mo–Fr 8.15, 11.30, 11.45, 14.00, 16.15, 18.30, 19.30
Sa und So 8.15, 13.00, 16.30, 19.30

Linie 38
Las Palmas–Playa del Inglés–Mogán–La Aldea de San Nicolás (3.30 Std.)
Las Palmas–La Aldea de San Nicolás
Mo–Sa 5.00, 11.00, 14.10, 20.00

Buslinien

So 5.00, 14.10
La Aldea de San Nicolás–Las Palmas
Mo–Sa 6.15, 8.45, 14.15, 17.45
So 8.45, 17.45

Linie 45
Playa del Inglés–Los Palmitos (30 Min.)
Playa del Inglés–Los Palmitos
tgl. 9.00–16.30 alle 30–45 Min.
Los Palmitos–Playa del Inglés
tgl. 9.50–18.30 alle 30–45 Min.

Linie 50 Super Faro
Las Palmas–Faro (1 Std.)
Las Palmas–Faro
tgl. 9.05–17.05 jede Std.
Faro–Las Palmas
tgl. 10.05–18.05 jede Std.

Linie 60
Las Palmas–Aeropuerto/Flughafen (25 Min.)
Las Palmas–Aeropuerto
tgl. 6.00, 6.30, 7.00, 7.30, 7.45–20.15 alle 30 Min., 21.30–1.30 jede Std.
Aeropuerto–Las Palmas
tgl. 6.30–21.00 alle 30 Min., 22.00–2.00 jede Std.

Linie 66
Aeropuerto–Playa del Inglés (25 Min.)
Aeropuerto–Playa del Inglés
tgl. 7.15–22.15 jede Std.
Playa del Inglés–Aeropuerto
tgl. 6.20–21.20 jede Std.

Linie 70
Puerto Rico–Faro–Los Palmitos (45 Min.)
Puerto Rico–Los Palmitos
tgl. 10.00, 10.45, 11.45, 12.45
Los Palmitos–Puerto Rico
tgl. 13.30, 15.30, 18.00

Linie 80
Las Palmas–Telde (20 Min.)
Las Palmas–Telde
Mo–Fr 7.00–21.00 alle 20 Min.
Sa 7.00–13.30 alle 30 Min.
Telde–Las Palmas
Mo–Fr 6.45–20.45 alle 20 Min.
Sa 6.25–12.55 alle 30 Min.

Linie 84
Mogán–Puerto de Mogán (15 Min.)
Mogán–Puerto de Mogán
tgl. 11.15, 15.45, 19.30, 20.30, 22.00
Puerto de Mogán–Mogán
tgl. 8.40, 11.40, 20.45, 21.45

Linie 90
Maspalomas–Telde (1 Std.)
Maspalomas–Telde
tgl. 8.00–19.00 jede Std., 20.10, 21.10, 22.10
Telde–Maspalomas
tgl. 6.30–17.30 jede Std., 18.40, 19.40, 20.40

Linie 101
Las Palmas–Agaete (1.30 Std.)–La Aldea de San Nicolás (3 Std.)
Las Palmas–La Aldea
Mo–Fr 7.00, 9.45, 15.45, 19.30
Sa und So 9.45, 15.45, 19.30
La Aldea–Las Palmas
Mo–Fr 6.15, 10.00, 13.00, 19.00
Sa und So 6.15, 13.00, 19.00

Linie 102
Las Palmas–Agaete–Los Berrazales (2 Std.)
Las Palmas–Los Berrazales
tgl. 6.30–18.30 alle 2 Std.
Los Berrazales–Las Palmas
tgl. 8.30–18.30 alle 2 Std., 20.10

Linie 103
Las Palmas–Agaete–Puerto de las Nieves (1.30 Std.)

Buslinien

Las Palmas–Puerto de las Nieves
tgl. 6.00–22.00 jede Std.
Puerto de las Nieves–Las Palmas
tgl. 6.30–21.30 jede Std.

Linie 113
Gáldar–Guía–Fontanales (1 Std.)
Gáldar–Fontanales
Mo–Sa 7.00, 14.15
Fontanales–Gáldar
Mo–Sa 8.00, 16.00

Linie 116/117
Las Palmas–Moya (1 Std.)–Fontanales (1.30 Std.)
Las Palmas–Moya (dort in der Regel umsteigen nach Fontanales)
Mo–Fr 7.45–18.30 ca. alle 1–2 Std.
Sa und So 7.40–18.40 ca. alle 2 Std.
Moya–Las Palmas (mit Zubringer aus Fontanales ab 6.45)
Mo–Fr 7.15–19.10 ca. alle 1–2 Std.
Sa und So 8.40–20.00 ca. alle 2 Std.

Linie 201–203
Las Palmas–Firgas (1 Std.)
Las Palmas–Firgas
Mo–Sa 8.00, 12.00, 16.45
So 12.15, 18.30
Firgas–Las Palmas
Mo–Sa 6.55, 10.30, 15.40, 19.40
So 17.30, 19.55

Linie 216
Las Palmas–Teror (1 Std.)
Las Palmas–Teror
tgl. 7.00–21.00 nahezu stündlich
Teror–Las Palmas
tgl. 9.00–20.00 nahezu stündlich

Linie 218
Las Palmas–Teror (1 Std.)–Valleseco (1.25 Std.)–Lanzarote (1.30 Std.)
Las Palmas–Lanzarote
tgl. 6.30—19.30 stündlich
Lanzarote–Las Palmas
tgl. 8.00—20.00 stündlich

Linie 220
Las Palmas–Teror (1 Std.)–Valleseco (1.25 Std.)–Artenara (2 Std.)
Las Palmas–Artenara
Mo–Fr 10.00, 13.00, 18.30
Sa 10.00, 13.00, 15.30
So 8.00, 16.00
Artenara–Las Palmas
Mo–Fr 6.20, 12.40, 15.50
Sa 6.20, 12.50, 15.30
So 10.00, 18.30

Linie 303
Las Palmas–Santa Brígida (45 Min.)–San Mateo (1 Std.)
Las Palmas–San Mateo
tgl. 8.00–20.30 alle 30 Min., 21.15, 22.00
San Mateo–Las Palmas
tgl. 7.30–17.00 alle 30 Min., 18.00—23.00 stündlich

Linie 305
Las Palmas–San Mateo (1 Std.)–Las Lagunetas (1.15 Std.)–Cruz de Tejeda (1.35 Std.)–La Culata (1.45 Std.)–Tejeda (2 Std.)
Las Palmas–Tejeda
Mo–Fr 7.30, 10.00, 13.00, 15.00 via La Culata, 19.30
Sa und So 7.30, 10.00, 12.00, 15.00 via La Culata, 19.30
Tejeda–Las Palmas
Mo–Fr 6.45 via La Culata, 10.00, 13.00, 17.30
Sa und So 7.30, 10.00, 12.00, 15.00, 17.30

Unterkünfte

Die folgenden Orte liegen abseits des Massentourismus und empfehlen sich als Startpunkte für Wanderungen.

Die angegebenen Preise beziehen sich auf eine Übernachtung für zwei Personen ohne Frühstück.
$: bis 30 €
$$: 30 - 60 €
$$$: 60 - 90 €
$$$$: über 90 €

Nördlich der Wetterscheide

Agaete (Bus 101–103)
Casa Coca, Estanco 2, ✆ 928 89 82 87: 1 Haus und 4 App., freundlich-familiär, mitten im Ort; $.
El Angosto, Obispo Pildain 11, ✆/Fax 928 55 41 92: 12 Apartments am Nordausgang der Stadt, mit Garten, Pool und Sauna; $$.
Princesa Guayarmina, Los Berrazales, ✆/Fax 928 89 80 09: traditionsreiches Hotel im Oberlauf des Tals mit 33 DZ, türkischem Bad und Therapiezentrum; $$.
Las Longueras, Valle de Agaete, ✆/Fax 928 31 80 00: feudale Villa, abgelegen im Tal, 11 Zimmer; $$$.

Artenara (Bus 220)
Artenara, Av. Matías Vega 7, ✆/Fax 928 66 65 91: Pension im Ortszentrum, 10 DZ ohne Bad, im Winter zu kalt; $$ (z.Zt. geschlossen).

Cruz de Tejeda (Bus 18, 305)
El Refugio, Cruz de Tejeda, ✆ 928 66 65 13, Fax 928 66 65 20: 10 DZ, 8 km oberhalb des Bergdorfs Tejeda, oft in Wolken; $$$.

Fontanales (Bus 113, 116/117)
Finca Nanita, ✆ 928 46 25 47, Fax 928 46 08 89: 3 Bauernhäuser im Zitronenhain; $$.

Guía (Bus 101–103, 113)
Jugendherberge, Av. de la Juventud, ✆ 928 55 06 85: Vierbettzimmer; $.

San Mateo (Bus 305)
La Cantonera, Av. Tinamar 17, ✆ 928 66 17 95, Fax 928 66 17 77: feines Landhotel im Zentrum, 15 Zimmer, Garten und gutes Restaurant; $$$.

Santa Brígida (Bus 303)
Villa del Monte, Castaño Bajo 9, ✆/Fax 928 64 43 89: Bed & Breakfast der luxuriösen Art, mit 7 Zimmern; $$$.
Hotel Escuela Santa Brígida, Monte Lentiscal, Calle Real de Coello 2, ✆ 928 35 55 11, Fax 928 35 57 01: Hotelfachschule mit 41 Zimmern; $$$$.

Tenteniguada (Bus 14)
El Pinar, Carretera General s/n, ✆ 928 70 52 39, Fax 928 57 09 46: schmuckes, beheiztes Hotel im Kiefernwald, 9 DZ; $$$.

Südlich der Wetterscheide

Agüimes (Bus 11, 27, 34)
Casa de los Camellos, El Progreso 12, ✆ 928 78 50 03, Fax 928 78 50 53: Hotel in verkehrsberuhigter Altstadt mit 9 DZ; $$.

Cercados de Araña (kein Bus)
Casa Ted, Cercados de Abajo 36 ✆ 928 12 90 62, 928 14 21 00: 2 liebevoll restaurierte Häuser am Ufe

des Chira-Sees, min. 1 Woche; $/$$.

Fataga (Bus 18)
Pension Fataga, Díaz 2: neue kleine Pension im Dorfzentrum, $$.
El Molino de Fataga, Carretera Fataga–San Bartolomé, km 5,6, ✆ 928 17 20 89, Fax 928 17 22 44: gemütliches Hotel, 23 DZ; $$.

Los Palmitos (Bus 45, 70)
Park- und Sporthotel Helga Masthoff, ✆ 928 14 21 00, Fax 928 14 11 14: herrliche Lage oberhalb des Palmitos-Parks, 40 DZ und 9 Suiten; $$$$.

Puerto de Mogán (Bus 1, 32, 38, 84)
Lumi, Lomo Quiebre 21, ✆ 928 56 53 18: eine von 6 Pensionen im Ortsteil Lomo Quiebre, 1 km vom Hafen entfernt, 8 DZ; $.
Casa Lila, La Puntilla s/n, ✆ 928 56 57 29, Fax 928 56 57 29: 9 App. in verwinkelt gebautem Haus, Strandnähe, deutsche Inhaberin; $$.
Club de Mar, Puerto de Mogán s/n, ✆ 928 56 50 66: Hotel direkt am Meer, 54 DZ; $$$.

San Bartolomé (Bus 18, 34)
Santana, Tamarán 10, ✆ 928 12 71 32: einfache Pension, 7 DZ; $.
Las Tirajanas, Monte Pobre s/n, Carretera a Fataga km 1, ✆ 928 12 30 00, Fax 928 12 30 23: komfortables Landhotel mit 60 Zimmern und Suiten, von allen Räumen phantastischer Bergblick; $$$.

San Nicolás de Tolentino (Bus 38, 101)
Los Cascajos, Los Cascajos s/n, ✆ 928 89 11 65: Hotel im Ortskern, 20 DZ; $.
Segundo, Alfonso XIII 14, ✆ 928 89 09 01: Pension mit 5 Zimmern gegenüber der Kirche; $.

Tejeda (Bus 18, 305)
Albergue de Montaña Tejeda, ✆ 928 66 65 17: Herberge mit 2 Massenschlafsälen unterhalb der Tankstelle; $.
Tejeda, Dr. Hernández Guerra 9, ✆ 928 65 80 55: Pension mitten im Ort, 7 DZ; $.
Gayfa, Cruz Blanca 34, ✆ 928 66 62 30: 8 geräumige App. am Südrand des Ortes; $$.

In den **Agenturen für Turismo Rural** kann man *Fincas* anmieten; die Preise belaufen sich auch bei einer Belegung von nur zwei Personen fast immer auf über 90 € pro Tag.
Gran Canaria Rural, Central de Reservas Turismo Rural, Las Canteras 7, Las Palmas, ✆ 928 46 25 47, Fax 928 46 08 89, www.grancanariarural.com (freundlicher Service).
RETUR, Lourdes 2, Vega de San Mateo, ✆ 928 66 16 68, Fax 928 66 15 60, www.returcanarias.com.

Auch zwei offizielle **Campingplätze** gibt es auf der Insel:
Camping Guantánamo, Playa de Tauro, zwischen Puerto Rico und Mogán, ✆ 928 56 20 98: taleinwärts von Palmen umgebene Campingzone; $.
Camping Temisas, Lomo de la Cruz, ✆ 928 79 81 49: sehr einfach und einsam, erreichbar über die von Agüimes via Era del Cardón nach Santa Lucía führende Straße (km 34,6); Übernachtung auch in Wohnwagen und Holzhütten möglich; $.

Die Genehmigung zum kostenlosen **Zelten** auf ausgewählten Plätzen im bergigen Inselzentrum (meist ohne Wasser und sanitäre Einrichtungen) erhält man bei:
Cabildo, Dept. Medio Ambiente, Domingo J. Navarro 1, Las Palmas, ✆ 928 38 41 65.

Register

Acusa Seca 95
Acusa Verde 96
Acusa, Hochebene von 95ff.
Agaete-Tal 105
Aguas Sabinas, Paß 83
Almagría 27
Alsándara 89
Altavista 99
Altos de Montaña Tauro 79, 80
Altos de Taidía 63
Arteara 53, 57
Artenara 93, 95, 97, 100, 103, 109
Aserrador 35, 36
Ayacata 16
Ayagaures 47, 49, 50
Ayagaures Alto 47

Barranco de Arguineguín 74ff.
Barranco de Azuaje 120
Barranco de Guayadeque 64ff., 68ff.
Barranco de la Mina 26, 28
Barranco de la Virgen 116f.
Barranda, s. Camel Safari Barranda
Blanca-Paß 20

Caldera de Ayagaures 47ff.
Caldera de los Marteles 66, 130
Caldera de Tenteniguada 129ff.
Camel Safari Barranda 57
Campanario 62
Camino Real del Siglo 55
Cañada de la Cruz 70
Cañada Martín 126
Casa de la Data 37
Casa de los Ingleses 126
Casa de los Pastores 69
Casa Forestal de Pajonales 89, 90
Casas de Matos 119
Casas de Umbría 32, 35
Centro de Interpretación de Bentayga 32
Centro de Visitantes Parque Rural El Nublo 27
Centro Locero de Lugarejos 102
Cercado Espino 74
Cercados de Araña 39
Cruce de Tamadába 102
Cruz de Acusa Seca 95, 97
Cruz de Juan Pérez 17, 23
Cruz de la Helada 62
Cruz de la Huesita 37, 89, 90
Cruz de las Mentiras 101
Cruz de las Vueltas 55
Cruz de María 98
Cruz de Tejeda 26, 28, 91, 94, 122
Cruz de Timagada 29, 35
Cruz de Toríl 93, 109
Cruz del Siglo 55
Cruz del Socorro 62, 66
Cruz Grande 18, 40, 41, 43, 46, 60
Cuevas Bermejas 69, 71
Cuevas Caídas 29, 31
Cuevas de Corcho 123
Cuevas de la Mesa del Moral 70
Cuevas del Caballero 92
Cuevas del Salviar 130

Descansadero de los Muertos 49
Doramas, Naturschutzgebiet 31ff.

El Carrizal 34
El Castillete 87
El Cercado 77
El Chorrillo 34
El Dinero, Paß 40, 41, 42, 46
El Espinillo 33
El Gigante, Paß 57
El Hornillo 105
El Juncal 88, 90
El Laurelillo, Ebene 85, 87

El Pinillo 70
El Rincón 130
El Sao 105
El Sordo, Paß 40, 41
El Toscón 34
Era Conejo 126
Era del Barranco 126

Finca Tirma 98, 102
Firgas 119, 121
Fontanales 113, 115, 116, 118
Fuente del Atajo 62

Guía 112

Hoya de Pineda 112
Hoyetas del Nublo 20

Inagua 85ff., 89

La Aldea, Paß 85, 87
La Calderilla 66
La Cruz Chica, Paß 123
La Culata 24, 30
La Cumbre, Paß 24
La Filipina 74
La Goleta 17, 19, 20, 23
La Hortiguilla 23
La Manzanilla, Paß 45, 59
La Mesa 130
La Solana 33
Las Brujas, Paß 86
Las Lagunetas 28
Las Lapas, Einsattelung 78, 79
Las Madres 121
Las Mesas, Picknickplatz 22, 24
Las Palomas, Paß 92
Las Rosadas 124
Las Tederas 49
Llano de la Haya 106
Llano de la Huesa Bermeja 75
Llanos del Garañón 18, 22, 24
Llanos del Guirre 78, 79
Lomo de la Palma 39
Lomo de los Horraeros 127
Los Berrazales 104, 108
Los Gatos, Paß 62

Los Helechos, Paß 41
Los Hornos, Einsattelung 18, 61
Los Molinos 28
Lugarejos 102, 103

Majadales 110
Mirador de la Vuelta de Palomar 107
Mirador El Sargento 102
Mogán 79
Montaña de las Tierras 64, 67, 71
Montaña de Tauro 79, 81
Moriscos 92
Morro de los Cuervos 95, 103

Nekropolis von Arteara 52

Pajonales 89
Palmitos-Park 50, 72, 73
Pargana, Ebene 18, 61
Paso Bermejo 67
Paso de la Plata 18, 61
Paso de los Laderones 77, 79
Paso de los Palmitos 50, 72
Pico de las Nieves 62
Pilancones, Naturpark 41ff.
Pino Cazado, Paß 70
Pino Gordo de Pilancones 49
Pinos de Galdár 110, 114
Playa de Güigüí Chico 84
Playa de Güigüí Grande 84
Presa Cueva de las Niñas 37
Presa de Ayagaures 47
Presa de Chira 39f.
Presa de Gambuesa 47
Presa de los Hornos 17, 22, 25
Presa de los Pérez 105
Presa de Soria 38f., 76
Puerto de Mogán 77
Puntón del Garito 58

Roque Bentayga 32f.
Roque Bermejo 107
Roque del Saucillo 126
Roque Fraile 19, 20

Register

Roque Nublo 20
Roque Redondo 62

San Bartolomé de Tirajana 44, 46, 59
San Mateo 125, 128
San Pedro 107
Santa Lucía 54, 55, 63
Siete Pinos, Einsattelung 102, 106
Soria 38, 76

Taidía 63
Tamadaba 102, 106, 107
Tasartico 82
Tauro-Paß 80
Tejeda 29, 31
Tenteniguada 129, 131
Teror 124

Valleseco 123
Vista Fataga, Paß 58

»DUMONT macht mobil!
DUMONT aktiv heißt die neue Reiseführerreihe des DUMONT Buchverlags für Wanderfreunde. Ob Schwarzwald, Dolomiten, Irland oder die Pyrenäen, die Reiseführer im handlichen Format geben nützliche Informationen über Wandersaison, Ausrüstung sowie interessante Naturerscheinungen entlang der vorgeschlagenen Routen. Farbige Höhenprofile zu jeder Wanderung lassen sofort erkennen, wie anspruchsvoll der Weg ist und wieviel Zeit man dafür einplanen muß.«
Augsburger Allgemeine

»Sie passen in jede Rucksackseiten- oder Anoraktasche. Die kompakte Form geht jedoch nicht zu Lasten der Beschreibungen. Jede Route wird mit allem geschildert, was wichtig ist: der Wanderzeit, der Weglänge, dem Routen-Charakter bis hin zu Sehenswürdigkeiten und Einkehrmöglichkeiten am Wege.« *Welt am Sonntag*

Zahlreiche Farbfotos machen Appetit auf das Naturerlebnis und wecken die Vorfreude.

Weitere Informationen über die Titel der Reihe DUMONT aktiv erhalten Sie bei Ihrem Buchhändler oder beim DUMONT Reiseverlag • Postfach 10 10 45 • 50450 Köln
Besuchen Sie uns im Internet: www.dumontreise.de

Der Reiseführer mit topaktuellen Tipps und fünf ungewöhnlichen Extra-Touren. Hinten im Buch befindet sich die Extra-Karte zum Herausnehmen – jederzeit griffbereit.

Jeder Band wird jährlich aktualisiert!

»Große Klasse zum kleinen Preis: schnelle Infos, tolle Fotos, fünf Touren, moderne Grafik und Extrakarte. Ein kompletter Reiseführer für junge Leute und Junggebliebene. Mit Insidertipps, die jede Reise zu einem wahren Vergnügen machen.« *buch aktuell*

»Es handelt sich hier um kompakte Reiseführer mit verlässlichen, topaktuellen Tipps und wirklich lohnenden, originellen Routenbeschreibungen. Außerordentlich ist die jährliche Neuauflage! Insgesamt bietet ›DUMONT Extra‹ Tipps, Tipps und nochmals Tipps; und diese dann auch garantiert Jahr für Jahr neu.«
Nordbayerischer Kurier

Weitere Informationen über die Titel der Reihe DUMONT-Extra erhalten Sie
bei Ihrem Buchhändler oder beim DUMONT Reiseverlag • Postfach 10 10 45 • 50450 Köln
Besuchen Sie uns im Internet: www.dumontreise.de

DUMONT REISE-TASCHENBUCH

»Ein DUMONT muss nicht dick sein. Mit höchstens 240 Seiten passen die DUMONT Reise-Taschenbücher wirklich in jede Tasche. Sehr übersichtlich und optisch ansprechend bietet diese Reihe trotz der Kürze viel Hintergrundwissen im landeskundlichen Teil. Nach dem Motto ›Man sieht nur, was man weiß‹ wurden auch diese Titel wieder von ausgezeichneten Landeskennern verfasst und Urlaubsziele unter neuen Aspekten vorgestellt.«

tours

»Was den DUMONT-Leuten gelungen ist: Trotz der Kürze steckt in diesen Büchern genügend Würze. Immer wieder sind unerwartete Informationen zu finden, nicht trocken eingestreut, sondern lebhaft geschrieben ... Diese Mischung aus journalistisch aufgearbeiteten Hintergrundinformationen, Erzählung und die ungewöhnlichen Blickwinkel, die nicht nur bei den Farb- und Schwarzweißfotos gewählt wurden – diese Mischung macht's. Eine sympathische Reiseführer-Reihe.«

Südwestfunk

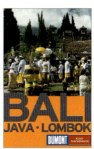

Weitere Informationen über die Titel der Reihe DUMONT Reise-Taschenbücher erhalten Sie bei Ihrem Buchhändler oder beim DUMONT Reiseverlag • Postfach 10 10 45 • 50450 Köln
Besuchen Sie uns im Internet: www.dumontreise.de

Abbildungsnachweis

Alle Fotos: Dieter Schulze, Bremen, außer:
Hans-Peter Merten, Kastel-Staadt   Titelbild
Rainer Hackenberg, Köln   S. 102/3

Karten und Höhenprofile: Berndtson & Berndtson Productions GmbH, Fürstenfeldbruck   © DuMont Reiseverlag, Köln

Impressum

Titelbild: Wanderer am Pico de las Nieves

Über den Autor: Dr. Dieter Schulze, geboren 1946, studierte Literatur- und Sozialwissenschaften und promovierte über modernes Theater. Zu den Kanarischen Inseln hat er bereits mehrere Bücher verfaßt, bei DuMont erschien von ihm der Band ›Extra: La Palma‹.

Graphisches Konzept: Groschwitz, Hamburg
2., aktualisierte Auflage 2002
© DuMont Reiseverlag, Köln
Alle Rechte vorbehalten
Druck: Rasch, Bramsche
Buchbinderische Verarbeitung: Bramscher Buchbinder Betriebe

ISBN 3-7701-4863-0